# 日本語でできる外国人児童生徒とのコミュニケーション

## 場面別学校生活支援ガイド

高嶋幸太[著]

学事出版

## まえがき

　日本に来て間もない子どもが「掃除したくない！」と言ってあなたの目の前で動こうとしません。その際、あなたはどのようなことばをかけ、そしてどう対応しますか。

　本書は、外国人児童生徒等に対してどのような日本語を使えばわかりやすくなるのか、どうすれば心を通わすコミュニケーションができるのか、などを日本語教師の視点から解説したものです。日本語教育の分野では相手に伝わりやすい日本語コミュニケーションに関する知見があり、また、どのように接すればよいのか、という面では教育学、心理学、コミュニケーション学など多くの領域において理論や知見が蓄積されています。それらを踏まえ、本書では外国人児童生徒等と接する小・中学校の先生方を主な読者対象とし、日本語コミュニケーションの基礎知識や、彼ら・彼女らと接する際の心構えを解説しています。

　これまで私は、海外の初等中等教育機関や語学学校、日本国内の企業や大学、地域のボランティアなどで日本語教育にかかわってきました。私は学校教育の専門家ではないため、あなたが受け持つ教育現場とは異なることを本書中で述べているかもしれませんが、日本語教育に携わる者として、学校教育においてヒントとなる新たな視点を提供できたらと考えました。

　執筆に際しては、現場の先生方がどのようなことを知りたいと思っているのか、どんなことに困難を感じているのか、などを把握するため、小・中学校に勤務し、外国人児童生徒等の指導にあたる

多くの現職の先生方から疑問や悩み、実例などを伺い、生の声を踏まえたうえで制作を進めました。調査にご協力くださった先生方、そして拙稿をお読みになり、貴重なコメント・フィードバックをお寄せくださった先生方には、この場を借りてお礼を申し上げます。ありがとうございました。

　用語法ですが、本書で「日本語」と表記されているものは、特別な断りがない限り「東京方言を基盤とする共通語」を意味します。そして、児童・生徒を区別せずに述べる場合は「子ども」と表記しています。また、本書では教育行政などで一般的に用いられている「外国人児童生徒等」という語を使っています。「外国人児童生徒等」とは「外国籍の児童生徒や、両親のどちらかが外国籍を持つ日本国籍の児童生徒など外国のバックグラウンドを持つ児童生徒」のことをさします。ほかにも「外国にルーツを持つ子ども」「外国につながる子ども」などの名称がありますが、共通理解が得られやすいという観点から使用しています。外国人・日本人などと分け隔て、優劣をつける意図は一切ありませんので、ご理解いただければ幸いです。

　本書が学校現場でお役に立ち、すべての子どもに開かれた包括的な教育を行っていくうえでの一助となることを願っております。くわえて、学級、学校、地域、社会全体で多様性を尊重する雰囲気が醸成されていくことも願っております。

高嶋 幸太

## 日本語でできる外国人児童生徒とのコミュニケーション もくじ

まえがき　2
本書を読むまえに　8

### 序章　外国人児童生徒等とのコミュニケーションに関するQ&A

Q1　伝わるように話すためには、どうすればよいのでしょうか。……… 12

Q2　話すトーンやテンポなどに関して、どのようなことに心がければよいのでしょうか。… 13

Q3　コミュニケーションをする際に使う非言語動作には、どのようなものがありますか。… 14

Q4　日本語の文字表記はどのようにすればよいのでしょうか。……… 16

Q5　どのように日本語の語彙をコントロールすればよいのでしょうか。……… 20

Q6　日本語の文法に関して知っておいたほうがよいことはありますか。……… 22

Q7　「です・ます体」や「だ・である体」など文体で留意する点はありますか。……… 23

Q8　コミュニケーションのスタイルは日本と外国とでどう違いますか。……… 24

Q9 子どもが体調不良のときはどのように
　　対応すればよいのでしょうか。……………　25
Q10 学校生活での決まりやルールをどのように
　　伝えればよいのでしょうか。………………　26

## 第1章　学級活動における場面

1-1 朝の会で連絡事項を伝える……………小中　30
1-2 時間割について説明する………………小中　34
1-3 図書館の利用方法を説明する…………小中　38
1-4 給食について説明する…………………小中　42
1-5 掃除について説明する…………………小中　46
1-6 帰りの会で連絡事項を伝える…………小中　50

## 第2章　学習指導における場面

2-1 日本語の誤りに対応する………………小中　54
2-2 協同学習を取り入れる①………………小中　60
2-3 協同学習を取り入れる②………………小中　64
2-4 調べ学習を行う…………………………小中　68
2-5 漢字指導を行う…………………………小中　72
2-6 音読を行う………………………………小中　76
2-7 発表を行う………………………………小中　80
2-8 文章問題を扱う…………………………小中　84
2-9 作文指導を行う…………………………小中　88

## 教育相談・生徒指導・進路指導における場面

- 3-1 教室内の決まりを伝える……………小中 94
- 3-2 悩みや問題を聞く………………………小中 98
- 3-3 子ども間のトラブルに対応する………小中 104
- 3-4 宿題をしていないときの対応をする…小中 108
- 3-5 宿題をしてきたときの対応をする……小中 112
- 3-6 進路面談を行う…………………………小中 116

## 学校行事における場面

- 4-1 修学旅行における自由行動を考える……中 122
- 4-2 合唱コンクールの自由曲を決める………中 126
- 4-3 文化祭の出し物を決める…………………中 130
- 4-4 運動会・体育祭の種目を決める………小中 134

参考文献・参考資料　138
あとがき　142

```
●ラベルについて
子どもと接する場面を以下のように分けています。
  小　小学校における場面
  中　中学校における場面
```

## 本書を読むまえに

本文は以下の流れで構成されています。

● ステップ1

最初に当該節で扱う場面・状況、そしてやりとりする内容が書いてあります。

● ステップ2

次の**会話例**では、教師と児童生徒による日本語コミュニケーションの例が提示してあります。

● ステップ3

**会話例**におけるコミュニケーション上のポイント解説です。ここでの解説は、日本語でのポイントと日本語以外でのポイントに分けられます。**日本語でのポイント**では、日本語を用いてコミュニケーションをする際のポイントが書いてあります。それに対して、**日本語以外でのポイント**では、日本語以外でコミュニケーションをする際のポイントが書いてあります。こちらは特に日本語がまだよくわからない児童生徒と接する際に参考にしてみてください。

●**ステップ4**
　最後の**ポイントのまとめ**では、当該節で扱ったコミュニケーション上のポイントが整理されています。

　また、**ポイント**以外にも、必要に応じて**もっとくわしく**という項目を設けて、取り上げているポイントと関連する付加的な解説も添えています。
　参考文献がある場合は文中に注を付記しましたので、出典に当たる際はそれらも併せてご活用ください。

序章

# 外国人児童生徒等とのコミュニケーションに関するQ&A

> まず初めに、子どもとのコミュニケーションに関して、よく挙げられる質問をいっしょに考えていきましょう。

**Q1** 伝わるように話すためには、どうすればよいのでしょうか。

**A1** アメリカの心理学者アルバート・メラビアン氏[40]は、話し手が聞き手に与える情報を次の3つに分けています。それは、①ことばそのものの**言語情報（Verbal）**、②声の大きさやトーンなどの**聴覚情報（Vocal）**、③表情や態度などの**視覚情報（Visual）**です。これらは一般的に「**3つのV**」と呼ばれています。

例えば、楽しい話をしているときに、弱々しい声だと相手に楽しさは最大限に伝わりません。同様に、真剣な話をしているのに、笑いながら話していても信用されにくいでしょう。そのため、3つのVすべてが、同じ方向性を持つように意識することが極めて重要になってくるのです。

また、日本語が少しわかる子どもと話す際、大きな声でゆっくり日本語を話せば、相手に通じるだろうと考えるのは間違いです。というのは、聴覚情報である「声」にしか考慮していないからです。この場合、わかりやすい表現や語彙を使ったり、身振り手振りを交えたりして話すことで子どもに伝わりやすくなります。

**Q2** 話すトーンやテンポなどに関して、どのようなことに心がければよいのでしょうか。

**A2** 子どもが正確に聞き取れるよう、はっきり、しっかり、ゆっくり話すことを心がけましょう。

　心理学の分野では、人は相手と自分の言動が似ていると好感を持ちやすくなることが確認されています[31][39]。例えば、テンポやトーンを相手と合わせながら会話を進めていくことで、親近感を醸成することができます。これは**ペーシング**と呼ばれる話し方の技法です。ほかにも、しぐさや動き、表情などをさりげなく相手と合わせることで、親近感を生み出したり、円滑に会話を進めたりすることができます。これは**ミラーリング**と呼ばれる技法です。このような話し方は、**ラポール（信頼関係）** を形成するために効果的です。

　子どもと話す場面においても、テンポやトーンを近づけたり、表情を合わせたりすることで、話しやすい雰囲気を作り出すことができます。子どもに寄り添った話し方を意識してみましょう。

**Q3** コミュニケーションをする際に使う非言語動作には、どのようなものがありますか。

**A3** 言語によるコミュニケーションを言語コミュニケーションと言うのに対し、言語によらないコミュニケーションを**非言語コミュニケーション（non-verbal communication）**と言います。アメリカの心理学者ポール・エクマン氏とウォレス・フリーセン氏[34]は非言語による動作を次の5つに分けています。

①**表象動作**：ハンドサインやボディーランゲージなど、語句として機能する動作のことです。

②**例示動作**：手で大きさを示す、「3」と言って3本指を立てるなど、発話の内容を強調・説明するために挿入される動作のことです。

③**感情表出動作**：表情や顔色など感情によって引き起こされる動作のことです。

④**調整動作**：視線や相づちなどコミュニケーションを維持・中断するために行われる動作のことです。

⑤**適応動作**：顔に触れる、足を組むなど、コミュニケーション中に付随して行われる動作のことです。

①と②は特に子どもの理解を促す要素となりますので、想像力を働かせてどのような動作が有効か考えてみましょう。

また、視線は信頼性や好感度とも結びついています[28][38]。適度なアイコンタクトは聞き手に肯定的な印象を与えることができますので、会話中には意識して目線を送るようにしましょう。あわせて、身体接触について述べておくと、国によっては人の頭をなでたり、肩をたたいたりすることが侮辱や嫌悪につながる場合もあるため、注意が必要です[6]。

**Q4** 日本語の文字表記はどのようにすればよいのでしょうか。

**A4** 学習段階に応じて判断しましょう。一般的に日本語の文字学習は、ひらがな→カタカナ→漢字の順で学ばれることが多いです。そのため、子どもの学習段階に応じて文字表記を変える必要があります。まったく日本語がわからない場合は、子どもの母語を併記するという方法が考えられます。また、音はわかっていて文字がわからない場合は、ローマ字で表記することになります。例えば、「9月23日に遠足へ行きます」は、"9 gatsu 23 nichi ni ensoku e ikimas" となります。この場合、masu ではなく、実際の発音に近い mas と表記します。

　日本語で表記する場合ですが、文中において語の区切りごとに空白を挿入して表記する**分かち書き**で書いたほうが理解しやすくなります。先述の「9月23日に遠足へ行きます」は「9月23日に　遠足へ　行きます」となります。この際、漢字には**ルビ（読み仮名）**を忘れずに振ります。日本語を母語としない人（日本語非母語話者）にとって、分かち書きやルビは意味を理解するうえで大きな助けとなります。

　さらに、情報デザイナーの桐山岳寛氏[11]は、図解を使うことで、ことばに頼らずに外国人へ情報を明快に伝えることができると述べています。例えば、**絵や写真、表、グラフ、チャート、箇条書き**などを活用した情報伝達の方法です。

保護者向けの遠足に関する手紙を例に取って考えてみましょう。

---

**遠足について**

　本校では9月23日（水）に第2学年全体で遠足を実施いたします。行き先は石川動物園です。当日は変則的な日程となり、8時に本校の体育館に集まるよう、お子さんにはお知らせください。また、リュックサック、タオル、水筒、昼食用のお弁当、筆記用具を持ってくるようお伝えください。

　ご多用のところ大変恐れ入りますが、ご協力をどうぞよろしくお願い申し上げます。

---

　上の手紙の場合、日本語母語話者にとっては問題ないかもしれませんが、日本語非母語話者にとっては漢字が多く、語彙・表現も配慮されていないため、理解しにくい手紙になっていると予想されます。実際のところ、漢字が多かったことが原因で、保護者が内容をきちんと理解できず、子どもに忘れ物をさせてしまったという事例も見られます[24]。次のように書き換えることで伝わりやすくなるでしょう。

## 遠足について

9月23日に 2年生は 遠足（石川動物園）へ 行きます。子どもに 次のことを 言ってください。

●日にち： **9月23日（水曜日）**

●集まる時間：**午前8時**

●集まる場所：学校の**体育館**

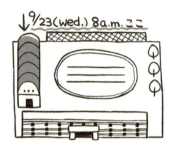

●持ち物： ①**リュックサック**

②**タオル**

③**水筒（水やお茶）**

④**お弁当（昼ごはん）**

⑤**筆箱（鉛筆や消しゴム）**

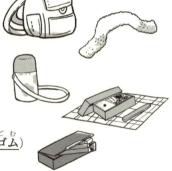

どうぞよろしくお願いします。

この例では箇条書きで示されているため、情報が整理されており、目に飛びこみやすくなっています。そして、重要な情報は目立つように<u>下線</u>と**太字**で記されています。このように重要な部分は強調することで、理解されやすくなります[33][42]。また、地図の部分は手書きしたものを貼ることで、図示できます。持ち物の部分も手書きのイラストか、あるいはインターネット上のフリーイラスト素材を使用することで、何が必要か一目で理解できます。ほかにも、学校からの手紙には「大切な情報が書いてあるもの」「回答や署名捺印が必要なもの」「目を通すだけでよいもの」などを示すピクトグラムがあると、一目でカテゴリーがわかるためよいでしょう。

　以上のように、文字だけでなく視覚的にも理解しやすい情報伝達ができないかということも意識してみましょう。

**Q5** どのように日本語の語彙をコントロールすればよいのでしょうか。

**A5** できるだけ和語を使うようにしましょう。

　　語を起源・由来別で分けたものを語種と言います。日本語の語種は全部で4つです。①**和語**、②**漢語**、③**外来語**、そして①②③が組み合わさってできた④**混種語**です。それぞれの具体例を順に確認していきましょう。

- ①**和語**は、「きまり」「はじめ」などのように日本固有のことばです。大和言葉とも呼びます。和語は情緒的であり、また、柔らかい印象を与えると言われています。
- ②**漢語**は、「規則」「開始」のように、中国から入ってきたことばです。基本的に漢語は漢字の音読みでできています。漢語は論理的であり、また硬い印象を与えると言われています。
- ③**外来語**は、「ルール」「スタート」のように、基本的に中国以外の外国から入ってきたことばです。外来語は現代風で、真新しい印象を与えると言われています。

このように、上記のそれぞれの単語は意味としては同じものを指していますが、語種としては異なるのです。

- ④**混種語**の例としては、②漢語と③外来語を組み合わせた「再スタート」や、①和語と②漢語を組み合わせた「きまり文句」などが考えられます。

わかりやすさの観点から語種を考えます。次の文を比べてみま

しょう。

> ①手紙を書きます。〈和語〉
> ②書簡を執筆します。〈漢語〉
> ③レター・ライティングをします。〈外来語〉

　3つとも述べていることは同じです。しかし、老若男女誰にでも伝わるのは①だと感じたのではないでしょうか。日本語を少し学んだ子どもと話す際も同様で、できるだけ和語で話すように心がけましょう。

　また、客観的に語彙の難易度を判定する場合は、川村よし子氏と北村達也氏が開発した「**チュウ太の道具箱**[8]」というウェブページを利用するのもよいでしょう。このページでは、日本語を入力するだけで、日本語能力試験における語彙レベルを知ることができます。日本語能力試験にはN1〜N5までのレベルがあり、N1がもっとも難しく、N5がもっとも易しいです。客観的な語彙レベルを知るためには、このようなページを活用してみるのもよいでしょう。

**Q6** 日本語の文法に関して知っておいたほうがよいことはありますか。

**A6** 日本語における文の種類は3つです。名詞文（述語に名詞が使われる文）、形容詞文（述語に形容詞・形容動詞が使われる文）、動詞文（述語に動詞が使われる文）です。これらを使う際は、「3時間目は国語です」「この休み時間は長いです」「私たちは5つの漢字を勉強しました」などのように、できるだけ**単文**（述語が一文中に一度だけ登場する文）になるよう心がけてください。なぜなら、単文は文の構造がシンプルであり、子どもに対してわかりやすく伝えることができるからです。

　そして、語順についても意識しましょう。「私たちは5つの漢字を勉強しました」のように、日本語は「主語＋目的語＋動詞」が基本語順です。日本語学習ではこの基本語順で学んでいくことが多いので、子どもとの会話においては、「主語＋目的語＋動詞」という基本語順を心がけ、話してみてください。

　また、日本語では「（私たちは）昨日、5つの漢字を勉強しました」のように主語が明らかな場合、主語を述べないことが多いのですが、日本語を少し学んだ子どもと話す際は、「誰が／何が」ということがわかるよう、適宜、**主語の明示**も意識してみてください。特に通訳・翻訳アプリを使用する際は、主語を明示することで正しく翻訳されやすくなります。

## Q7 「です・ます体」や「だ・である体」など文体で留意する点はありますか。

**A7** 参考資料として挙げている日本語の教科書ほぼすべてが、丁寧体のあとに普通体を登場させています。**丁寧体**とは、親しくない人、目上の人、お客、公式の場などで使われる「です・ます体」のことです。一方で、**普通体**とは、親しい人、友達、家族、目下の人などに対して使われる「だ・である体」のことです。「体」はスタイル（style）のことで、フォーマルな文体か、カジュアルな文体か、などの意味で使われます。

丁寧体と普通体とでは、名詞、動詞、形容詞などの品詞において使われる活用の形がそれぞれ異なります。例えば、丁寧体では「3年生です」「難しいです」などの形になります。一方、普通体では、「3年生だ」「難しい」などの形になります。動詞の場合、丁寧体では「〜ます」の形が使われます。例えば「待ちます」「食べます」「勉強します」などです。一方、普通体では、例えば「待つ」「食べる」「勉強する」などの形になります。

入門レベルの日本語学習者ですと、普通体を学んでいない可能性があります。そのため、普通体で会話をしても伝わらない場合などは、**丁寧体に切り換える**などの対応をしましょう。

## Q8 コミュニケーションのスタイルは日本と外国とでどう違いますか。

**A8** アメリカの文化人類学者エドワード・ホール[37]は、コミュニケーションのスタイルを高文脈文化と低文脈文化に分けています。**高文脈文化**では、ことばですべてを表現するのではなく、文脈や状況などの共通認識に依存しながらコミュニケーションを取っていきます。それに対して**低文脈文化**では、文脈や状況などには依存せず、ことばで情報を明確に伝えていきます。日本語の運用は「行間を読む」「以心伝心」などの表現に代表されるように、高文脈の傾向が強いとされています[22]。

日本語と英語を比較してみましょう。例えば、伝えたいことがある際に呼びかけとして使われる「ちょっといいですか」は、はっきりと「話したい」ということを述べていませんが、婉曲的に時間を割いてほしいということが伝えられます。それに対して、英語では"Can you talk now?（今、話せますか）"などと明確に述べて尋ねます。

以上のように、高文脈文化と低文脈文化とではコミュニケーションの取り方が異なるのです。子どもと話す場面でも、あいまいな表現では伝わらない場合がありますので、その際は明確に意図を述べるよう意識してください。例えば、先の会話では「ちょっと話しませんか」「少し話しましょう」などと述べたほうがわかりやすくなります。

> **Q9** 子どもが体調不良のときはどのように対応すればよいのでしょうか。

**A9** 外国語の訳語や絵が記載された**メディカル・シート**を活用し、視覚的に症状を教えてもらいましょう。けがや病気は生命にもかかわるので、「動悸」「目まい」「呼吸困難」などの難しい単語は、子どもの母語や絵を使い、症状をきちんと教えてもらうなどの工夫も求められます。例えば、茨城県国際交流協会の「メディカルハンドブック[4]」や、京都市消防局の「外国語対応シート[10]」などを使ってどの部位にどんな症状があるのかを説明してもらうことも可能です。あわせて、拙著『日本語で外国人と話す技術[18]』の86～90ページでもメディカル・シートを使った救急活動を説明しています。

なお、上記の対応はあくまでも一例にすぎませんので、救急活動に際しては、個々の状況に応じて適切な処置を行うようにしてください。

**Q10** 学校生活での決まりやルールをどのように伝えればよいのでしょうか。

**A10** 決まりやルールを伝える際は、その背後にある考えや理由も伝えるようにしましょう。日本と海外とでは学校生活上の決まりやルールで異なるものが多々あります。日本でも学校によって異なるかもしれませんが、一例として、①週末に上履きを持って帰り、それを洗って週明けに持ってくる、②給食当番は週末に給食着を持って帰り、それを洗って週明けに次の当番へ渡す、などがあります。これらは最初から日本で教育を受けている人にとっては何ら普通のことのように思えますが、海外の学校習慣と比べると奇妙に思えるものもあるようです。こうした場合、出身国との差異を見極め、「日本の学校ではこのような理由からこうする」などと**丁寧に説明する**ことが大切です[6][7][24]。ただし、決まりやルールを強制・強要しないように注意する必要があります。例えば、①の場合で考えると、上履きの清潔さを保つのが主な目的になるのでしょうが、洗ってくるかどうかは各家庭の裁量に委ねられます。

それに対して、ほかの人にも影響があるものに関しては、その旨もきちんと説明したほうがよいでしょう。例えば、②の例で言うと、他人が1週間連続で着用し、場合によっては給食の汚れが付着している衣服を、次の当番はそのまま着たいとは通常思いません。こうした場合、「次の人はきれいな服が着たいです。だから、今週着た人は週末に家で洗います。月曜日に持ってきます」などと理由を添

える伝え方も考えられます。ほかにも、掃除当番について説明する際は、「みんなで学校を使います。だから、日本ではみんなでいっしょに学校を掃除します」などと伝えることも考えられます。

　以上のように、決まりやルールを伝える際は、その背後にある考えや理由なども添えると、より理解しやすくなるでしょう。

　他方で、体調不良の家族を看病するため度々学校を休むなど、日本とは異なる習慣を持つ家庭もあります[(6)]。その際、教師にできる最大限のことは、「○○さんが学校を休んで授業がわからなくなることを、私は心配しています」などと「気にかけている」という気持ちを「**わたしメッセージ**」で伝えたり（3-4参照）、「学校に来る／来ない」で対立を深めるのではなく、**家庭と教師とで話し合い、両者のニーズを満たすような第3の解決策を創造**したり（3-6参照）することであって、教師の考えを一方的に押しつけたり、強引に学校へ来させたりするなどの無理強いはできません。

# 第1章

# 学級活動における場面

# 1-1 朝の会で連絡事項を伝える

**小中**

　朝の会で、当日の連絡事項を伝えている場面です。以下の内容を説明してみましょう。
①授業変更（2時間目の国語と3時間目の体育を入れ替えること）を説明する。
②教室移動（4時間目の家庭科では教室移動があるため、休み時間中に家庭科室へ行くこと）を説明する。

### 会話例

**担任**：連絡は2つです。

はい。：**クラス**

**担任**：1つ目。今日は、2時間目は体育です。3時間目は国語です（2時間目の国語を人差し指で、3時間目は体育を親指でさし、指を上下反転させる）。

あれ、替えるんですか。：**三島**

担任：そうです。2時間目は体育です。3時間目は国語です（「9：35〜10：20⇒体育、10：45〜11：30⇒国語」と板書する）。
　　　張さん、いいですか。

はい。：張

担任：2つ目。4時間目は家庭科室です。ですから、休み時間に家庭科室に行ってください（時間割における3時間目終わりの部分を指さす）。

はい。：クラス

担任：ここじゃないですよ（教室を示すため下を指さす）。
　　　家庭科室です（「11：35〜12：20⇒家庭科室」と板書する）。

わかりました。：クラス

担任：ホセさん、4時間目はどこですか。

あ、家庭科室です。：ホセ

担任：そうですね。

## 日本語でのポイント

### ❶名詞文

　文をシンプルにするために名詞文を多く使っています。**名詞文**とは、述語（動作・状態・性質などを述べることば）に名詞が使われる文のことを言います。例えば、「2時間目は体育です」は名詞文です。名詞文では「**AはBです**」という形になることが多いです。「AはBです」のBの部分が名詞なので、名詞文と呼ばれます。

　英語の授業を思い返してみましょう。最初のころは"I am Sato."や"This is my notebook."などのような文型を学んだのではないでしょうか。日本語の授業でも同様で、最初の段階で「私は

佐藤です」「これは私のノートです」などの名詞文が学ばれます。名詞文は、外国語を学ぶときのもっとも基本的な文型だと言えます。また、名詞文を学習する際は「これ・それ・あれ・どれ」「この・その・あの・どの」「ここ・そこ・あそこ・どこ」などのコソアド言葉、いわゆる指示詞も学ばれます。今回の会話例でも「（4時間目は）ここじゃないです」のようにコソアド言葉が使われています。上の文では、主語（動作・状態・性質などの主体を表すことば）は明らかなので、「AはBです」のAである「4時間目は」は述べられていません。

### ❷ 短い文

今回の会話例で使われている文はすべて短いです。例えば、「2時間目は体育です。3時間目は国語です」や「4時間目は家庭科室です」などは短い文です。これが「2時間目を体育にして、3時間目は国語に変更します」や「4時間目は家庭科室で行いますから、休み時間中に移動するようにしましょう」などだと、1文中に情報がたくさん詰め込まれているので、幼児のときに身につけた言語（母語）が日本語ではない人（日本語非母語話者）にとっては一度に情報処理することが難しいかもしれません。

会話例のように、適度に句点を打つことで、情報量を調整し、受け手にとってわかりやすい文を作ることができます。情報を伝える際は、「**1文につき1つのメッセージ**」ということを意識してみましょう。

### ❸ 確認

本当に理解できたのかどうかを見るために、適宜**確認**をしています。今回の場面では、「いいですか」と尋ねたり、「どこですか」な

どのように質問をしたりし、子どもの理解をチェックしています。情報がきちんと伝達されたかを知るためには、このような配慮も大切です。

## 日本語以外でのポイント

### ❶板書

口頭で説明したことは板書しています。そうすることで、子どもは視覚的にも確認できます。今回の場合、2時間目と3時間目で授業変更がありますが、数字を書く際は漢数字ではなく、世界標準である**アラビア数字（算用数字）**を使ったほうがよいでしょう。

### ❷指さし

授業変更の説明時に時間割を**指さし**、ハンドジェスチャーを交えながら伝えています。そうすることで、目で見て教科が入れ替わったことが理解できます。

また、家庭科室へ行くよう伝える際に、時間割における3時間目終わりの部分を指さすことで、教室移動が行われる時間帯を明確に説明することができます。

---

**ポイントのまとめ**

- ☑ 「AはBです」が基本形の名詞文を活用する。
- ☑ 1文につき1つのメッセージを意識する。
- ☑ 確認を忘れないようにする。
- ☑ 図示や指さしを用いて視覚的にも理解できるようにする。

## 1-2 時間割について説明する

小 中

　時間割の見方を説明している場面です。以下の内容を子どもに伝えてみましょう。
①時間帯について説明する。
②休み時間について説明する。
③給食・掃除について説明する。

### 会話例

担任：これを見てください（時間割のプリントを渡して指さす）。

リッキー：はい。

担任：これは時間割です。

リッキー：はい。

担任：「時間目」は授業です。勉強です（勉強の動作）。

リッキー：はい。

担任：授業は45分です（「45分」と書き込む）。

　　　　　　　　　　　　　　　　　はい。：**リッキー**

担任：これは「休み時間」です。この休み時間は長いです。

　　　　　　　　　　　　　　　　長い？：**リッキー**

担任：はい、20分です（「20分」と書き込む）。

　　　　　　　　　　　　　　　　　はい。：**クラス**

担任：これは給食です。給食は学校の昼ご飯です。

　　　給食を食べます（食べる動作をする）。

　　　これは掃除です。学校を掃除します（掃除の動作をする）。

　　　　　　　　　　　　　　　　　はい。：**リッキー**

担任：質問ありますか。

　　　　　　　　　　　　　　　ありません。：**リッキー**

## 日本語でのポイント

### ❶名詞文

　前の節で説明したように、本節でも「これは時間割です」「『時間目』は授業です」「給食は学校の昼ご飯です」など「AはBです」の形である名詞文が使われています。名詞文を使うことで、シンプルに情報を伝えることができます。

| | |
|---|---|
| 1時間目 | 8：45〜9：30 |
| 2時間目 | 9：35〜10：20 |
| 休み時間 | 10：20〜10：40 |
| 3時間目 | 10：45〜11：30 |
| 4時間目 | 11：35〜12：20 |
| 給　食 | 12：20〜13：05 |
| 休み時間 | 13：05〜13：25 |
| 掃除 | 13：30〜13：45 |
| 5時間目 | 13：50〜14：35 |
| 6時間目 | 14：40〜15：25 |

### ❷形容詞文

　**形容詞文**とは述語に形容詞（形容動詞を含む）が使われる文のことをさします。今回の場面では、形容詞「長い」が述語で使われている「この休み時間は長いです」が形

容詞文です。この形容詞文を用いることで事物の状態・様子・性質などを述べることができます。形容詞文でも、名詞文と同様、1文がなるべく短くなるように意識してください。

　参考までに日本語教育では、形容詞をイ形容詞、形容動詞をナ形容詞と呼びます。形容詞は「難しい問題」のように名詞の前が「い」なのでイ形容詞と呼ばれ、形容動詞は「簡単な問題」のように名詞の前が「な」になるので、ナ形容詞と呼ばれます。

### ❸動詞文

　動詞文とは述語に動詞が使われる文のことです。動詞文である「給食を食べます」「学校を掃除します」などを用いることで、動作を伝えることができます。「〜ます」の形は基本的に現在と未来を表すので、現在、習慣的に行われていることを述べる場合は「〜ます」の形を用います。一方、過去のことを述べる場合は「〜ました」の形を使います。

### ❹記述されたプリント

　この場面では時間割に関する重要な情報が多くありました。そのため、膨大な情報を一度に覚えきるのは、困難が伴います。このような場面で効力を発揮するのが記述です。記述されたプリントを渡すことで、子どもはあとで見返すこともできますし、今後何度も学校で耳にするであろう「〇時間目」「給食」「掃除」などの単語を復習することができます。

　口述でのコミュニケーションは、素早く情報のやりとりができますが、ボイス・レコーダーなどで録音しない限り、あとには残りません。それに対して、記述でのコミュニケーションは、時間はかかりますが、あとになって見返すことができます。

それぞれのメリット・デメリットを踏まえ、状況に合ったコミュニケーション方法を選び取っていくことが大切です。

### 日本語以外でのポイント

**❶身振り手振りと指さし**

今回の場面では、「勉強」「給食」「掃除」などは身振り手振りなどを交えながら説明しています。このようにことばの代わりとして動作を入れることで、理解がしやすくなります。また、絶えず時間割のプリントを見ながら、コミュニケーションを行いました。その際、**指さし**を用いることで、どこの部分について説明しているかが一目でわかるようになります。このように口頭だけのコミュニケーションに頼るのではなく、口頭によらないコミュニケーション、すなわち**非口頭コミュニケーション**（non-oral communication）もできないか、考えてみましょう。

> **ポイントのまとめ**
> ☑ 形容詞文を使って事物の状態・様子・性質などを述べる。
> ☑ 動詞文を使って動作などを述べる。
> ☑ 記述は、あとに残って見返すことができる。
> ☑ 非口頭コミュニケーションである身振り手振りや指さしを使いながら話し、何について説明しているか視覚的にも確認できるようにする。

## 1-3 図書館の利用方法を説明する

小 中

　図書館の利用方法を説明する場面です。以下の内容を説明してみましょう。
①エリア（本、雑誌、CD、DVD、パソコン）を説明する。
②本の借り方（図書カードの提示、貸出期間：2週間、貸出冊数：1人5冊まで）を説明する。

### 会話例

**担任**：図書館に来ました。ここは学校の図書館です。
　　　　　　　　　　　　　　　　　　はい。：**サンドラ**
**担任**：ここで上履きを脱ぎます（実際に脱ぐ）。
　　　　　　　　　　　わかりました（同様に脱ぐ）。：**サンドラ**
**担任**：図書館に本がたくさんあります（指さす）。
　　　　　　　　　　　　　　　　そうですね。：**サンドラ**
**担任**：雑誌はここにあります（指さす）。

第1章　学級活動における場面

　　　　　　　　　　　　　　　雑誌。:**サンドラ**
担任:はい。CDはここにあります。DVDはここです（指さす）。
　　　　　　　　　　　　　わかりました。:**サンドラ**
担任:ここにパソコンがあります。みんなこのパソコンを使います。
　　　　　　　　　　　　　そうですか。:**サンドラ**
担任:はい。使ってくださいね。
　　　ここで本を借ります。図書カードを出します（見せる）。
　　　2週間借ります（2本指を立てる）。
　　　5冊までです（5本指を立てる）。
　　　　　　　　　　　　　そうですか。:**サンドラ**
担任:（「図書カード」「2週間、5冊まで」の部分にハイライトを施し、図書
　　館の使い方プリントを渡す）
担任:そして、ここで本を返します（返す動作をする）。
　　　　　　　　　　　　　わかりました。:**サンドラ**

## 日本語でのポイント

### ❶動詞文

　動きや状態を伝える場合は主に動詞文を使います。動詞文である「本がたくさんあります」「パソコンを使います」「本を借ります」などを用いることで、動作や存在を伝えることができます。

　日本語における動詞の種類としては、自動詞と他動詞があります。**自動詞**とは、動作の対象を表す「を」を取らない動詞のことで、基本的に主語自らの動きを表すものです。例えば、「来ます」「あります」などです。「行きます」「来ます」などは移動を表すため**移動動詞**と呼ばれます。また、「います」「あります」などは存在を表すた

め**存在動詞**と呼ばれます。それに対し、**他動詞**とは、対象を表す「を」を取る動詞のことで、基本的に主語が目的語（対象）に対し、何らかの働きかけをする動きを表します。例えば、「脱ぎます」「使います」「借ります」などが他動詞です。これらの他動詞では「上履きを」「パソコンを」「本を」などのように「〜を」を使って動作の対象を述べています。

今回は「借りられる」「使える」などの可能を表す動詞を使いませんでしたが、どうしても可能を伝えたい場合は、「〜することができます」の形のほうが先に学ばれることが多いため、理解されやすいです。例えば、「借りることができます」「使うことができます」などの形です。

### ❷記述

「貸出期間：2週間」「貸出冊数：1人5冊まで」という内容が今回の場面では肝になります。そのため、口頭で説明するだけでなく、紙に書かれた資料を渡し、ハイライトを施して視覚的にも確認できるように工夫しています。もし「◯週間」「◯冊まで」という日本語がわからない場合は、子どもの母語で併記するのもよいでしょう。

## 日本語以外でのポイント

### ❶例示動作

「靴を脱ぐ」「2本指を立てる」「5本指を立てる」などは例示動作です。**例示動作**とは、発話の内容を強調・説明するために挿入される動作のことです。これらを使うことで、視覚的にも伝えている内容が理解されやすくなります。

## ❷指さし

　エリアの説明では、指さしを使って場所を説明しています。また、図書カードも実物を提示し、見せています。これにより、現在何について話しているのかを的確に伝えることができます。

## ❸通訳・翻訳アプリの活用

　仮に日本語が一切わからない子どもに図書館の利用方法を説明する場合は、例示動作や指さしを用いながら、スマートフォンやタブレットなどのモバイル・デバイスに**通訳・翻訳アプリ**をインストールし、適宜子どもの母語に翻訳しながら、説明するという方法も十分考えられます。一例として Google 翻訳では、2019年6月現在「キーボード入力」「カメラ入力」「手書き入力」「会話」「声」などの方法で原語を取り込むことができ、無料で選択した言語に翻訳されます。原語を取り込む際の留意点としては、本書で解説しているようなシンプルで短く、そしてわかりやすい日本語で入力したほうが、翻訳の精度は高くなります。

> **ポイントのまとめ**
> ☑ 動詞文で動きや状態を伝える。
> ☑ 大事な内容は記述する。
> ☑ 例示動作を用いて内容を説明する。
> ☑ 通訳・翻訳アプリを有効活用する。

## 1-4 給食について説明する

小中

日本における給食の流れを説明している場面です。以下の内容を伝えましょう。
①献立表の見方を説明する。
②食事制限を確認する。
③給食袋（箸、ハンカチ、歯ブラシ）を持ってくるよう伝える。

### 会話例

担任：これは献立です（献立表を見せる）。

こんだて？：**アリ**

担任：献立はメニューです。

はい。：**アリ**

担任：今日は何月何日ですか。

10月18日です。：**アリ**

担任：はい。今日はカレーとサラダです（10月18日を指さす）。

　　　　　　　　　　　　　わかりました。：**アリ**
担任：アリさん、ナッツは大丈夫ですか。
　　　　　　　　　　　　　　大丈夫です。：**アリ**
担任：だめな食べ物はありますか。例えば、牛乳や卵、お肉……。
　　　　　　　　　　　　　豚肉はだめです。：**アリ**
担任：わかりました。それから、これは給食袋です。
　　　給食袋に３つの物を入れます。
　　　箸、ハンカチ、歯ブラシ（実物を見せる）。
　　　　　　　　　　　箸、ハンカチ、歯ブラシ。：**アリ**
担任：そうです。毎日これを持ってきてください。

## 日本語でのポイント

### ❶名詞文

　「献立はメニューです」「今日はカレーとサラダです」「これは給食袋です」などのように今回の場面でも多くの名詞文が使われています。できるだけわかりやすい文にするためには、名詞文が適していますので、積極的に使っていきましょう。

### ❷形容詞の用法

　形容詞の方法は２種類あります。１つ目は述語用法です。**述語用法**では、「この休み時間は長いです」などのように形容詞を述語として使い、事物の様子・性質・感想などを述べます。これは、１－２で説明しました。２つ目は修飾用法です。「だめな食べ物」のように、形容詞が名詞の前に置かれ、その名詞を説明します。今回の場面では、ナ形容詞である「だめな」を修飾用法で使い、「だめな食べ物はありますか」と尋ね、食事制限を確認しています。

### ❸例示列挙

　先述の「だめな食べ物はありますか」だけでは、意味がわかりにくいので、「例えば、牛乳や卵、お肉……」などのように例を出しています。これを**例示列挙**と言います。このように例示列挙を用いることで、具体例と共に食事制限を尋ねているのだと聞き手も理解しやすくなるでしょう。

　他方で、「カレーとサラダです」などのようにすべての事物を提示することを**全部列挙**と言います。

## 日本語以外でのポイント

### ❶実物の提示

　給食袋を説明する際は、実物を提示しながら確認を行いました。そうすることで、給食袋に何を入れるべきなのかということが視覚的にも理解できます。

### ❷表や画像を使ったコミュニケーション

　献立表の見方を説明する場面では、表を見ながら説明しました。そして、実際に当日の献立も確認しました。これは視覚的に確認ができるためであり、実例があったほうがわかりやすくなるからです。

　今回の会話例では食事制限を尋ねる際、日本語だけでコミュニケーションを行いましたが、絵や写真などの画像を見ながら、食事制限を把握することも可能です。例えば、消費者庁[17]はアレルギー表示の対象品目として27の原材料を挙げています。対象27品目は①えび、②かに、③小麦、④そば、⑤卵、⑥乳、⑦落花生、⑧あわび、⑨いか、⑩いくら、⑪オレンジ、⑫カシューナッツ、⑬キウイフルーツ、⑭牛肉、⑮くるみ、⑯ごま、⑰さけ、⑱さば、⑲大豆、⑳

鶏肉、㉑バナナ、㉒豚肉、㉓まつたけ、㉔もも、㉕やまいも、㉖りんご、㉗ゼラチンです。これら27品目を画像で見せながら、食物アレルギーを聞くという方法も可能です。インターネット上には、アレルギー表示の対象である27品目がイラストで書かれているページもあるので、そのページを見せながら確認するという方法も考えられます。食物アレルギーを持つ人にとっては生命にも関わる問題ですので、確実にアレルギーを把握しておくことが重要です。

　食物アレルギー以外にも、宗教上・信仰上の理由から禁忌食材を持つ子どももいるため、その場合も事前の確認が重要になります。一例を挙げると、イスラム教徒は不浄と考える豚の肉を食すのがタブーで、ヒンドゥー教徒は肉類全般が禁止されていますが、特に神の使いと考える牛の肉を食すのがタブーとされています。食べられない食材が給食で使われる日はお弁当を持ってくるようにするという対応もあります。ほかにも、ラマダンで日中イスラム教徒が断食をする場合、給食の時間は別室で待機することもあります。これらの対応について、ほかの子どもたちにはその背景を説明するというのも他者理解のきっかけとなるでしょう[7]。

> **ポイントのまとめ**
> ☑ 形容詞の用法には述語用法と修飾用法がある。
> ☑ 限定列挙と例示列挙を使って、事物を明確に提示する。
> ☑ 実物の提示や、表・画像を使ったコミュニケーションをする。
> ☑ 食物アレルギーや宗教上・信仰上の食事制限などに注意を払う。

## 1-5 掃除について説明する

小中

　日本での学校清掃について説明する場面です。以下の内容を伝えてみてください。
①掃除用具（ぞうきん、バケツ、ほうき、ちりとり）を説明する。
②掃除当番（掃除場所は班ごとに輪番制）を説明する。

**会話例**

**担任**：みんなで学校を使います。だから、日本ではみんなでいっしょに学校を掃除します。

　　　　　　　　　　　　　　　　わかりました。：**ダーシャ**

**担任**：これはぞうきんです。ぞうきんで下を拭きます（実演する）。

　　　　　　　　　　　　　　　　ぞうきん。：**ダーシャ**

**担任**：はい。これはバケツです。バケツに水を入れます。その水でぞうきんをきれいにします（実演する）。

担任：そうです。これはほうきです。
　　　ほうきでごみを掃きます（実演する）。
　　　　　　　　　　　　　　　ほうき。：**ダーシャ**
担任：はい。これはちりとりです。
　　　ちりとりでごみを集めます（実演する）。
　　　　　　　　　　　　　　　ちりとり。：**ダーシャ**
担任：ええ。ぞうきんはどう使いますか。
　　　　　　　　　　　　こうです（実演する）。：**ダーシャ**
担任：そうです。じゃあ、ほうきは。
　　　　　　　　　　　こうですか（実演する）。：**ダーシャ**
担任：はい。それから、これは掃除当番です（当番表を見せる）。
　　　　　　　　　　　　　　　とうばん？：**ダーシャ**
担任：当番は仕事です。ダーシャさんは3班です（指さす）。
　　　3班は廊下を掃除します（廊下を指さす）。
　　　　　　　　　　　　　　　そうですね。：**ダーシャ**
担任：毎週、当番は変わります（当番表を1つずつ動かす）。

## 日本語でのポイント

### ❶理由の説明

　国によって掃除は、専門業者や特定の社会階層に属する人たちが行ったりしますが、日本では子どもたちが学校清掃をします。そのため、海外から来た子どもや保護者には学校清掃の必然性が理解されない場合があります[6][7]。そのため、ただ「掃除をします」と言うだけにならないようにし、「みんなで学校を使います。だから、

日本ではみんなでいっしょに学校を掃除します」などとその背景や考えもきちんと伝えることが大切です。

**❷繰り返し**

　掃除用具を説明する場面では、名詞文「これはNです」を用いて、名称を説明しています。名詞文は事物の名前を伝える際に適しているため、ここでは多く使用されています。「ぞうきん」「バケツ」「ほうき」「ちりとり」と言う際は、**ゆっくり発音することで、際立たせて説明することができます。**

　また、掃除用具の使い方を説明する場面では、動詞文「Nで〜ます」が繰り返し使われています。文中に登場する格助詞「で」は道具・手段を表しています。この動詞文「Nで〜ます」を使うことで、再度掃除用具の名称を提示することができ、さらに各道具の使い方も説明することができます。

　以上のように、大切な内容は何度も同じ表現形式を使ったり、際立たせたりして伝えることで、記憶しやすくなります。このような記憶支援も大切です。ちなみに第二言語習得の分野では、学習者がある特定の言語形式に何度も接したり、強調された状態で触れたりすると、習得が進みやすくなるという研究もあります[33][41]。

**❸確認**

　「Nはどう使いますか」のように尋ね、使い方を復習しています。きちんと理解できたかを見るための確認を忘れないようにしましょう。

## 日本語以外でのポイント

### ❶実物の提示と例示動作

今回の場面では、実際の掃除用具を見せたり、使い方を実演したりしながら、掃除のやり方を説明していました。そうすることで、目で見て実際の使い方が理解できます。また、今後何度も聞くことになるであろう「ぞうきん」「バケツ」「ほうき」「ちりとり」などの単語は、一度で覚えきるのは困難なので、記述してそれをあとで、子どもが見返せるようにしておくのもよいでしょう。

### ❷指さし

掃除の当番表を見せたり、3班の掃除場所である廊下を指さしたりして掃除について説明をしていました。上の**❶実物の提示と例示動作**で述べたように、視覚的にも確認できるためです。

> **ポイントのまとめ**
> - ☑ 学校習慣を説明する際は背景や理由なども説明する。
> - ☑ 大切な内容は、何度も同じ表現形式を使ったり、際立たせたりして伝える。
> - ☑ 掃除用具や当番表を見せたり、実演なども交えたりしながら説明する。

## 1-6 帰りの会で連絡事項を伝える

小中

　帰りの会で、今日の宿題と明日の持ち物を確認している場面です。以下の事項を説明してみましょう。
①今日の宿題（算数ドリル24ページ、漢字ドリル8ページ）を説明する。
②明日の持ち物（色鉛筆、カッター、エプロン）を説明する。

**会話例**

担任：宿題を言います。

　　　　　　　　　　　　　　　　　　　　はい。：**クラス**

担任：宿題は2つです（2本指を立てる）。明日持ってきてください。
　　　1、算数ドリル24ページです（実際に該当ページを見せる）。

　　　　　　　　　　　　　　　　　わかりました。：**クラス**

担任：2、漢字ドリル8ページです（実際に該当ページを見せる）。

　　　　　　　　　　　　　　えーそんなにあるの！：**加藤**

担任：はい、8ページ全部ですよ（円を描いて該当範囲を指さす）。
　　　張さん、宿題はいくつですか。

あ……2つです。：張

担任：そうです。これの24ページとこれの8ページです
　　　（再度ドリルを全体に見えるように示してから、板書する）。
担任：それから明日の持ち物です。
　　　持ち物は3つです（3本指を立てる）。

はい。：クラス

担任：1．色鉛筆、2．カッター、3．エプロンです（順に実物を見
　　　せてから、板書する）。
担任：確認です。明日の持ち物は何ですか。

色鉛筆、カッター、エプロンです。：クラス

## 日本語でのポイント

### ❶情報の提示方法

　今回の例では、初めのほうにいくつ宿題や持ち物があるかを伝えています。そうすることで、最初に全容が把握できるため、情報が整理しやすくなります。また、指を立てながら数を伝えるのも視覚的で理解しやすくなります。

### ❷確認

　本当に理解できたかを見るために、適宜確認をしましょう。今回の場面では、「いくつありますか」「何ですか」などのように質問を行い、子どもの理解をチェックしています。

### ❸板書

　実物の提示と同様に、板書を行っています。そうすることで、文

字でも確認できるからです。口頭でのコミュニケーションは録音・録画をしない限りあとには残りませんが、文字でのコミュニケーションの場合、あとにも残るため見返すことが可能です。

## 日本語以外でのポイント

### ❶実物の提示

　単に口で説明する以外にも、実物を提示しながら持ち物を説明しています。このように視覚的な補助を用いたコミュニケーションのことを**ビジュアル・コミュニケーション（visual communication）**と言いますが、ビジュアル・コミュニケーションも聞き手の理解を深めるうえで有効な手段ですので、活用していきましょう。

### ❷指さし

　宿題を伝える場面では、円を描きながら該当範囲を指さして説明しています。そうすることで、どこが宿題範囲なのかを視覚的にも確認することができます。

---

**ポイントのまとめ**

- ☑ 最初に全容が把握できると、情報を整理しやすい。
- ☑ 適宜確認をし、子どもの理解をチェックする。
- ☑ 黒板に書いて文字化する。
- ☑ 実物を示し、視覚的にも確認できるようにする。
- ☑ 宿題範囲を指さして、説明する。

# 第2章

# 学習指導における場面

## 2-1 日本語の誤りに対応する

小 中

> 　子どもが誤った日本語を使って話したとします。どのように対応しますか。考えてみましょう。
> ①誤りに気づいてもらう。
> ②正しい形を伝える。

### 会話例

**担任**：グエンさんは週末、何をしましたか。
　　　　　　　　　土曜日、歩きてサクラ公園に行きました。：**グエン**
**担任**：え、なにで行きましたか（「わからない」という表情をする）。
　　　　　　　　　　　　　歩きて行きました。：**グエン**
**担任**：あー、歩いて行きましたか。
　　　　　　　　　　あ、そうです。歩いて行きました。：**グエン**
**担任**：どうでしたか。
　　　　　人がたくさんいましたが、とてもきれいでした。：**グエン**

担任：よかったですね。

## 日本語でのポイント
### ❶明確化要求によるフィードバック
　誤った日本語を発した際、教師は「なにで行きましたか」とまず一度聞き返しています（第二言語習得の分野では「明確化要求」と言います）。そうすることで、子どもはその文を再構成することができます。仮にこれが「『歩きて』じゃないです。『歩いて』です」などのように言ったとしたら、再構成する機会はなくなり、もしかすると間違えるのを恐れるようになるかもしれません。
### ❷リキャストによるフィードバック
　2度目の発話でも子どもは誤ったまま発話をしています。そこで、教師は「あー歩いて行きましたか」のように、正しい形に言い直しています（第二言語習得の分野では「リキャスト」と言います）。この際「歩いて」の部分を際立たせて発音することで、伝わりやすくなります。
### ❸どこまで直すか
　すべての誤りに対して毎回訂正をしていると、上で述べたように子どもが発話をしたくなくなる恐れがあります。そのため、教師はその都度フィードバックを提供するかどうか、するならどんなフィードバックを提供するか、などを総合的に判断する必要があります。実際に誤りへの指導が細かすぎると、子どもの学習意欲がそがれてしまうケースもあります[21]。そのため、意思疎通をするうえで重要なものに関しては直すようにし、コミュニケーション上、大きな問題にならないものに対してはリキャストをするだけにとど

め、そのまま会話を続けるという方法も考えられます。

## 日本語以外でのポイント

**❶ パラ言語的シグナルによるフィードバック**

　ことばそのものの情報とは別に、声の高低や大小、表情、身振り手振りなどの周辺情報をパラ言語情報と言います[22]。このパラ言語もメッセージを伝えるうえで重要な要素となります。**パラ言語的シグナル**によるフィードバックでは、「わからない」という表情をしつつ首を傾げたり、首を横に振ったりして誤りを伝えます。このようなフィードバックだと、日本語には頼らず、視覚的に誤りを知らせることができます。

> **ポイントのまとめ**
> ☑ 聞き返すフィードバックのことを明確化要求と言う。
> ☑ 正しく言い直すフィードバックのことをリキャストと言う。
> ☑ 「わからない」という表情をしつつ首を傾げたり、首を横に振ったりして誤りを知らせるフィードバックをパラ言語的シグナルと言う。
> ☑ フィードバックをする際は、上記を組み合わせて伝えることもできる。
> ☑ すべての誤りを直そうとすると、失敗を恐れるようになるかもしれないので、その都度、見極める必要がある。

> **もっとくわしく**

●**口述型訂正フィードバック**

　学習者の誤りに対して教師が提供するフィードバックのことを「訂正フィードバック」と呼びます。訂正フィードバックは記述型と口述型に分けることができます。口述型は文字どおり口頭で伝えるフィードバックのことで、記述型は書いて伝えるフィードバックのことです。ここでは口述型の訂正フィードバックを7種類紹介します[36]。

①**直接的フィードバック**：正しい形を提供する明示的な訂正。

例）　　　　　　　　　　　歩き̇て行きました。：**学習者**

担任：「歩きて」じゃないです。「歩いて」です。

②**メタ言語的フィードバック**：正しい形を言わずに、どうすれば正しい形になるかなどのコメントや情報を提供する訂正。

例）　　　　　　　　　　　歩き̇て行きました。：**学習者**

担任：「歩きます」は1グループ動詞*です。

*日本語教育では、五段活用動詞のことを1グループ動詞と呼びます。

③**パラ言語的シグナル**：ジェスチャーや顔の表情で誤りを知らせる訂正。

例）　　　　　　　　　　　歩き̇て行きました。：**学習者**

担任：（教師は首を横に振って誤りを知らせる）

④**誘出**：教師が学習者の発言を途中まで言い、正しい形を引き出す訂正。

例）　　　　　　　　　　　歩き̇て行きました。：**学習者**

担任：ある……？

⑤繰り返し：教師が学習者の発話を繰り返すもの。

例）　　　　　　　　　　　歩́きて行きました。：**学習者**

担任：歩きて？

⑥明確化要求：学習者に繰り返しや再構成を要求するもの。

例）　　　　　　　　　　　歩́きて行きました。：**学習者**

担任：何ですか。もう一度お願いします。

⑦リキャスト：学習者の発話から誤りを直して自然に発言するもの。

例）　　　　　　　　　　　歩́きて行きました。：**学習者**

担任：ええ、歩いて。

　①～④は明確に誤りだということを伝えるので**「明示的フィードバック」**と言い、⑤～⑦はそれとなく誤りだと伝えるので**「暗示的フィードバック」**と言います。「明示的フィードバック」の場合、誤りを明確に伝えられますが、会話の流れを止めてしまい、失敗を恐れるようになる懸念があります。それに対して、「暗示的フィードバック」の場合、会話の流れを止めずに済みますが、誤りに気づいたかどうかまではわかりません。

　このようにさまざまなフィードバックの方法がありますが、学習者の日本語習得状況、間違えた文法項目などを総合的に判断し、教師は適切な訂正フィードバックを瞬時に提供する必要があります。

## 口述型訂正フィードバックの分類

|  | 明示的フィードバック | 暗示的フィードバック |
| --- | --- | --- |
| 正しい形の提供 | ①直接的フィードバック | ⑦リキャスト |
| 言い直す機会の提供 | ②メタ言語的フィードバック<br>③パラ言語的シグナル<br>④誘出 | ⑤繰り返し<br>⑥明確化要求 |

## 2-2 協同学習を取り入れる①

小中

　総合的な学習の時間において、住んでいる都道府県に関する調べ学習を行うとします。下記のジグソー法の説明をしてください。

①まず4人のグループを作り、1、2、3、4の役割を決める。

②1の人は産業、2の人は食べ物、3の人は観光、4の人は交通について調べる。

③グループに戻り、自分が調べたことをメンバーに説明する。

### 会話例

**担任**：今日は私たちの県、愛知県について勉強します。

**クラス**：はい。

**担任**：グループで勉強します。4人のグループを作ります。このグループとこのグループとこのグループです……（4人を円状に指さし、グループを作る）。

わかりました。：**クラス**

担任：グループで、1の人、2の人、3の人、4の人を決めてください。1,2,3,4別々に勉強します。パウロさん、数字は。

2です。：**パウロ**

担任：はい。1の人はここに来てください。
　　　2の人はここに来てください。パウロさんはここです。
　　　3の人はここに来てください。
　　　4の人はここに来てください（黒板に場所を図示する）。

はい。：**クラス**

担任：1の人は愛知県の産業を調べます。
　　　2の人は愛知県の食べ物を調べます。
　　　3の人は愛知県の観光を調べます。
　　　4の人は愛知県の交通を調べます（それぞれ板書する）。

3がよかったなあ。：**古賀**

担任：今からこれを調べます。そのあと、またグループになります。
　　　そして、1の人はグループの人に産業を教えます。
　　　2の人は食べ物を教えます。3の人は観光を教えます。
　　　4の人は交通を教えます。いいですか。

わかりました。：**クラス**

担任：パウロさんは2の人といっしょに愛知の食べ物を調べます。

はい。：**パウロ**

## 日本語でのポイント

### ❶1文につき1つのメッセージ

　ジグソー学習はルールが少し複雑なので、初めて行う際はやり方

を丁寧に教える必要があります。今回の場面では1つずつ理解できるよう、日本語を使う際は1文をできるだけ短くし、多くの情報を詰め込まないように注意していました。そうすることで、何をするかがスモール・ステップで理解できます。やり方を説明する際は**1文につき1つのメッセージ**を意識してみてください。

### ❷確認

　理解できているかを確認するため、時折質問を投げかけたり、何をするべきか個別に伝えたりしていました。このようなクラス全体を見つつも個にも配慮する姿勢が大切です。今回、パウロさんは2のテーマでしたが、2のメンバーにはみんなで助け合いながら、食べ物についていっしょに調べるよう伝えるのもよいでしょう。

### ❸板書

　1,2,3,4それぞれが何を調べるかわかるように、役割である「産業」「食べ物」「観光」「交通」を板書しています。そうすることで、それぞれのグループが何を調べるか、一目でわかります。このとき、パウロさんのことを考慮し、漢字の上にルビ（読み仮名）を振ったほうがよいでしょう。

## 日本語以外でのポイント

### ❶板書で位置を図示する

　1,2,3,4の位置を説明する際、板書でも図示していました。これにより、目で見て自分が行くべき場所を確認することができます。

### ❷子どもの母語を介した説明

　子どもの日本語習得状況に応じて、「産業」「食べ物」「観光」「交通」などはその子の母語で説明するとよいでしょう。その際、

1-3で紹介した翻訳・通訳アプリを使用するのも1つの手です。

> **ポイントのまとめ**
> ☑ 1文につき1つのメッセージを伝える。
> ☑ 理解できているか適宜確認を行う。
> ☑ 板書したり、子どもの母語を使ったりして説明する。

## もっとくわしく

### ●ジグソー法

アメリカで黒人・白人の人種統合が行われた1970年代、カリフォルニア大学の社会心理学者エリオット・アロンソン氏ら[29]は、人種間における対立の緩和を目指し、学習者同士の協力を促す学習方法としてジグソー法を考案しています。この**ジグソー法**では、最初にグループを作り、メンバーそれぞれが異なった情報の断片を手に入れます。その後、グループで再度集まり、ジグソー・パズルのようにそれぞれの情報を提示して全体像を探っていきます。ジグソー法では全員と協力してタスクに取り組む必要があるため、信頼関係が形成されやすくなるとされています。

このジグソー法は読解の授業でも活用することができます。一般的にジグソー・リーディングと呼ばれる学習法です。**ジグソー・リーディング**では、各人が異なった文章を読んだあとに、それぞれの文章をグループに持ち寄って共有し、内容を統合していきます[1]。

## 2-3 協同学習を取り入れる② 小中

住んでいる都道府県のプロモーションをグループ単位で考えるという活動を行うとします。以下を説明してください。
①活動内容を説明する。
②グループ内で役割（司会・タイムキーパー・書記・発表者）を決めるように伝える。

### 会話例

**担任**：今日もグループで勉強します。

はーい。：**クラス**

**担任**：グループの人といっしょに愛知県の観光プロモーションを考えます。

先生、観光プロモーションって何ですか。：**原田**

**担任**：観光プロモーションは「愛知へ旅行しに来てください」というメッセージです。そのメッセージを考えてください。

わかりました。:**原田**

担任：パウロさん、いいですか。

はい。:**パウロ**

担任：教科書や資料集を使って、11：10まで考えてください（教科書や資料集を手に取って見せ、「11：10」と板書する）。
　　　そして、グループには役割・仕事があります。

えー。:**クラス**

担任：役割・仕事は4つです。まず、司会です。司会はみんなから意見を聞きます。次にタイムキーパーです。タイムキーパーは「あと15分です」「あと10分です」など時間を教えます。そして書記です。書記はみんなの意見を書きます。最後に発表者2人です。授業の最後に班のプロモーションをクラスのみんなに説明します（それぞれの役割を板書する）。

はい。:**クラス**

## 日本語でのポイント

### ❶単語の説明

「観光プロモーション」「司会」「タイムキーパー」「書記」「発表者」などの単語を、ほかの表現で言い換えて説明しています。授業準備の段階で難しいと思われる用語は、どのように言い換えればわかりやすくなるか、あらかじめ考えておくことも大切でしょう。

### ❷板書

役割は忘れてしまう恐れがあるので、板書しておきます。そうすることで、活動中でも黒板を見て役割を再確認することができます。

## 日本語以外でのポイント

### ❶母語を介して説明する

　板書をする際は、日本語だけでなく子どもの母語も併記しておくとよいでしょう。また、今回使用している日本語表現が難しいと考えられる場合は、1-3で紹介した翻訳・通訳アプリを使い、子どもの母語で活動内容を説明することも可能です。

　くわえて、班での役割を決める際は、子どもの日本語習得状況に応じて、本人の負担にならないようにするなどの配慮も必要です。例えば、タイムキーパーなどは役割分担の中でもそれほど重荷にはなりませんが、きちんとグループに貢献することができます。こうした配慮も重要でしょう。

---

**ポイントのまとめ**

- ☑ 難しいと考えられる単語は、どうわかりやすく説明できるか考えておく。
- ☑ 重要な情報は板書する。
- ☑ 母語を介した説明も考えておく。
- ☑ 子どもの日本語習得状況などに応じた役割分担をする。

---

## もっとくわしく

### ●協同学習の効果

　アメリカの社会学者ムザファー・シェリフ氏ら[43]による古典的実験では、サマーキャンプにおける少年たちの様子を観察していま

す。まず、22名を無作為に2つのグループに分けます。それから、競争的な活動（宝探しや綱引きなど）を導入します。すると、グループ内の結束は高まったのですが、グループ間での罵倒や攻撃は増え、対立が深まってしまいます。そこで研究者は、参加者全員が協力しないと解決できないような状況（壊れた水道を修理する、食料運搬用トラックをぬかるみから出すなど）を作り出しました。すると、子どもたちは協力して直面する問題に取り組み、最終的には友好関係を築くまでになったと報告されています。

アリゾナ州立大学の社会心理学者ロバート・チャルディーニ氏[20]は先の結果から、協同学習は多様な背景を持つ子どもたちの友情を深め、偏見を減らすことができると述べています。というのは、共通の目的を達成するためには協力が必要であり、その過程で子ども間の信頼関係が構築されやすくなるからです。

日本の学校現場でも、自分たちで決めたテーマに関して在籍学級で調査活動を行うなど子どもたちの関係性を広げるための教育実践が報告されています[15]。それらも参考にしてみてはいかがでしょうか。

## 2-4 調べ学習を行う

小中

　総合的な学習の時間において調べ学習を行っている場面です。以下のことを尋ねてみましょう。
①調査してみたいテーマを尋ねる。
②何を使って調べるかを尋ねる。

### 会話例

担任：マリアさん、どんなことを調査してみたいですか。

え？：**マリア**

担任：何を勉強したいですか（通訳・翻訳アプリに声を吹き込む）。
アプリ：¿Qué quieres estudiar?
　　　　　(ケ　キエレス　エストゥディアル)

あ、日本の食べ物とペルーの食べ物です。：**マリア**

担任：食べ物ですか。どうやってそれを調べますか。

Este…：**マリア**
(エステー)

フアン：¿Cómo vas a estudiarlo?
　　　　(コモ　バス　ア　エストゥディアルロ)

本とパソコンです。：**マリア**

担任：わかりました。図書館は2階です（場所を指す）。

はい。：**マリア**

担任：フアンさん、どうもありがとう。

## 日本語でのポイント

### ❶言い換え

「どんなことを調査してみたいですか」という内容が伝わらなかった際に、「何を勉強したいですか」というように言い換えています。前者の場合「調査してみたい」は少し難しい表現なのですが、後者では「勉強する」のように単語のレベルとして易しいものに言い換えられています。そうすることで、相手に伝わりやすい文になり、翻訳・通訳の精度も高めることができます。

## 日本語以外でのポイント

### ❶通訳・翻訳アプリの活用

今回の場面では通訳・翻訳アプリを使ってコミュニケーションを行っています。例えば、Google 翻訳なら、声を吹き込むことで、即時スペイン語に文字でも音声でも翻訳されます。指さしや身振り手振りだけで意思疎通を図るのが難しい場合は、こうした方法も利用してみましょう。

### ❷子どもの母語がわかる人によるサポート

調査手段を尋ねる際は、すでに日本語が上達していて母語のわかるフアンさんが通訳をしてくれていました。すべてのことを学級担任1人で抱えるのではなく、子どもの母語がわかる人にも協力して

もらったり、サポートしてもらったりすることもできます。母語支援員をはじめ、日本語指導員、他の教職員などさまざまな人と連携・協力することが大切です[6]。

> **ポイントのまとめ**
> ☑ 難しい語彙・表現は易しいものに言い換える。
> ☑ 通訳・翻訳アプリを活用する。
> ☑ 子どもの母語がわかる人にもサポートをしてもらう。

## もっとくわしく

### ●母語の重要性

　子どもの母語を介した教育実践の一例としては、すでに日本語が上達していて母語のわかる子がほかの子をサポートしたり、通訳者・翻訳者、母語指導員など子どもの母語がわかる人にサポートしてもらったり、担任教員が子どもの母語がわかるようになり、指導になれてきたりするなどの事例もあります[5]。ほかにも、通訳・翻訳アプリを利用して、日本語と子どもの母語間でコミュニケーションをするといった事例も現場の声としてあります。

　あわせて、外国人児童生徒等のことばに関して言うと、発達段階や言語環境なども考慮しながら、母語や継承語（親や祖父母など上の世代から継承される言語）の力を保持することも重要だとされています[7][9][24][26][27]。仮に日本語を習得するにつれて継承語が失われてしまう（減算的バイリンガルになる）と、家庭内において継承語で親とコミュニケーションを取っている場合、親子間のコミュニ

ケーションが成立しにくくなってしまいます。また、母語や継承語は、教科学習を行ううえでの基盤構築や、アイデンティティの形成にも寄与すると言われています。

　これらの理由から、子どもが母語教室や国際教室などで母語や継承語、母文化や継承文化を学ぶことも重要視されています。

# 2-5 漢字指導を行う

小中

　小学3年生で習う漢字「洋」を教えている場面です。以下の内容を説明してください。
①使われているパーツを確認する。
②読み方を説明する。
③書き順を説明する。

### 会話例

担任：この漢字を見てください（黒板を指さす）。
　　　これは何ですか（「氵」をさす）。

はい！はい！：**クラス**

担任：林さん。

さんずいです。：**林**

担任：そうです。どんな意味ですか。

はい！：**クラス**

72

担任：福田さん。

福田：水です。

担任：そうです。

じゃあハンさん、この漢字は何ですか（「羊」の部分をさす）。

ハン：ひつじです。

担任：そうです。「羊」の音読みは「ヨウ」です。

この漢字も「ヨウ」と読みます（「洋」をさす）。

クラス：へー。

担任：例えば、太平洋や大西洋などのヨウです（世界地図をさす）。

「洋」には「海」の意味があります。

書き順はこうです（板書する）。

いっしょに空に書きましょう。

全員：1・2・3・4・5・6・7・8・9

## 日本語でのポイント

### ❶既存知識との関連づけ

「さんずい」や「羊」などすでに学習した知識と、新たに学ぶ漢字を関連づけながら、説明をしています。そうすることで、復習をしながら、新しい漢字を学ぶことができます。こうした理解をしやすくするための支援も意識してみましょう。

### ❷指名のしかた

指名のしかたは、**挙手制**や**教師による直接指名**などがあります。最初のほうでクラスの様子を見て、ハンさんも手を挙げたりしていて答えられそうな様子なら、直接指名してみてもよいでしょう。そうすることで、「できる」という自信にもつながると考えられます。

## 日本語以外でのポイント

### ❶書き順の板書
　1つずつ書き順を板書することで、視覚的にもどう書くかを確認することができます。

### ❷空書
　宙に指を出して書くことを「**空書**（くうしょ）」と言います。空書では、体を動かしながら書く練習ができます。ノートに書くまえに空書をするのもよいでしょう。

> **ポイントのまとめ**
> ☑ 既存の知識と関連づけ、理解支援をする。
> ☑ 挙手制や教師による直接指名などを適切に使い分ける。
> ☑ 書き順を板書して視覚的にも確認できるようにする。
> ☑ 空書をする。

## もっとくわしく

### ●遊びやゲームを通して学ぶ漢字
　漢字実践者の伊東信夫氏と宮下久夫氏[2]は、カルタや文字当て、ぬりつぶしなど、遊びやゲームの要素を取り入れた漢字学習を提案しています。それにより、子どもたちは楽しみながら漢字のしくみを明快に学んでいくことができるのだそうです。つまり、遊びを学びにつなげるのです。ただ書く練習だけではない、漢字の持つ奥深さや面白さが味わえるような漢字指導も十分可能だと考えられます。

以下に一例を紹介します。「漢字部分当て」と呼ばれるゲームです。まず、正方形の紙を用意し、横方向に10か所程度切り込みを入れ、その紙の中に、漢字1文字を書いた紙を入れます。そして、1枚ずつ切り込みをめくっていき、何という漢字か当てる活動を漢字学習でできます。このクイズで子どもは、漢字の部首や音記号（音符）などのパーツに注目し、漢字の構造に気づくことができます。

漢字部分当て①

漢字部分当て②

漢字部分当て③

漢字部分当て④

## 2-6 音読を行う

小中

　文章を音読する場面です。以下の流れで音読を行いましょう。
①教科書の93ページを開く。
②教師が模範音読（範読）をする。
③子どもが音読をする。

**会話例**

担任：教科書の93ページを見てください。

はい。：**クラス**

担任：ビルさん、教科書ありますか（教科書を指さして見せる）。

あります（机から教科書を取り出す）。：**ビル**

担任：93ページです。

はい。：**ビル**

担任：まず私が読みます。意味がわからないことばには線を引いて

ください（「女の子<ruby>おんな こ</ruby>」と書いて例示する）。

はい。：**クラス**

〜範読をし、漢字とことばの意味を確認後〜

担任：次に、私のあとにみなさんも読んでください。

はい。：**クラス**

担任：ある寒い日

ある寒い日：**クラス**

担任：町に1人の女の子がいました。

町に1人の女の子がいました。：**クラス**

〜以下、同様に音読を進める〜

担任：次は、私といっしょに読みましょう。

全員：ある寒い日、1人の女の子が町にいました。

## 日本語でのポイント

### ❶線の引き方

「意味がわからないことばには線を引いてください」と伝える際に、実際に黒板に線の引き方を例示しています。口述だけでなく、文字にして提示することで、どうすればよいのかが把握できます。この際、子どもの日本語習得状況に応じて、漢字にはルビ（読み仮名）を振った教材をあらかじめ手渡しておくなどの配慮も大切です。

### ❷スモール・ステップ

最初から音読をするのではなく、①範読、②復唱、③一斉音読という流れで進めています。そうすることで、スモール・ステップで音読に慣れ親しんでいくことができます。このような授業の流れも意識してみてください。

### 日本語以外でのポイント
#### ❶実物の提示
　ビルさんが教科書を机に出していない際に、教師は教科書を見せながら、教科書を出すように伝えました。それにより、今から何を使うのかが目で見てわかります。

> **ポイントのまとめ**
> ☑ 板書して、読み仮名の振り方や線の引き方を説明する。
> ☑ スモール・ステップで音読を進めていく。
> ☑ 実物を提示し、視覚的に何を使うか伝える。

### もっとくわしく
#### ●補助する際の注意点
　公立小学校におけるブラジル人男子児童・担任教師・日本人児童間の教科学習場面を観察した桜美林大学大学院の三田美佐子氏[25]は、子どもが教科書を出していない際、教師が黙って机の中から教科書を探して机の上に出すなど、教師が規範行動を示す事例を報告しています。

　子どもの視点から考えればわかるように、他人が黙って自分の所有物を取り出したとしたら、あまりよい気はしません。また、上記のような行動では、日本語で意思疎通する機会も一切ありません。この場合、教師用の教科書を指さし「教科書を机に出しましょう」などと呼びかけ、もしそれでもわからないようだったら、机を指さ

し「教科書、ありますか」と言い、それでも伝わらないのなら、机の中を指さし「いいですか」と尋ね、教科書を取り出したほうがよかったと推察されます。

## ●リピーティングとパラレル・リーディング

　音読にはいくつかの方法があります。例えば、初見の文章を音読するのだとしたら、最初に教師が句読点など切れ目ごとで読み、子どもたちがそのあとに続いて音読していくという方法があります。これを**リピーティング**と言います。そうすることで、発音がわからないことばに遭遇したとしても、教師の音声が聞こえるので、それを頼りに音読することができます。

　ほかにも、文章に慣れてきたら、テキストを見ながら教師の音声と並行して子どもたちが音読するという方法も考えられます。これを**パラレル・リーディング**と言います。そして、最終的には1人で音読できることを目指します。

　上のように、課題が遂行できるように教師が提供する足場づくりのことを**スキャフォールディング**と言います。学習指導においては、場面に適したスキャフォールディングを提供することが大切だと言えるでしょう。

## 2-7 発表を行う

小中

　教科書の文章を読み、内容に関して意見や感想を発表する場面です。以下のことを子どもに話してもらいましょう。
①一番印象に残ったところを話す
②わからなかったところを話す。

### 会話例

**担任**：2人のペアになってください（隣同士を指さす）。

　　　　　　　　　　　　　　　　　はい。：**クラス**

**担任**：初めに1人で次の2つを考えます。
　　　そして、2人でその2つを話してください（2本指を立てる）。

　　　　　　　　　　　　　　　　　はい。：**クラス**

**担任**：1．何が一番印象に残りましたか。
　　　2．どこがわかりませんでしたか（それぞれ板書する）。

　　　　　　　　　　　　　　わかりました。：**クラス**

担任：アレックスさん、いいですか。質問ありますか。

アレックス：「印象に残ります」何ですか。

担任：「印象に残ります」はタガログ語で"kahanga-hanga"
　　　英語で"impressive"です（事前に調べておいた訳を言う）。

アレックス：あーわかりました。

担任：アレックスさん、いいですか。

アレックス：はい。

担任：では、まず1人で考えてください。
　　　それから、隣の人と話してください。

## 日本語でのポイント

### ❶「～てください」

「ペアになってください」「話してください」など、「～てください」という形の**行動要求表現**が使われています。これらは、日本語を学ぶ際、教室用語として最初の段階で提示されることが多いため、通じる可能性が高いです。

「～てもらえますか」「～てもらえませんか」「～てくれますか」「～てくれませんか」などは、ある程度日本語を学んでから習う表現形式なので、確実に伝わるとは限りません。参考までに、「～ていただけますか」「～ていただけませんか」「～てくださいますか」「～してくださいませんか」など敬語表現を用いたものも、学習がある程度進んでから取り上げられる表現なので、使用には注意が必要です。

### ❷確認

アレックスさんに確認をする際、「わかりましたか」ではなく、

「質問ありますか」などと具体的に質問をしています。「わかりましたか」だと、子どもが遠慮して「わかりません」と言えなくなってしまう恐れがあります。そのため、返答しやすいように、「質問ありますか」などと具体的に問いかけたほうがよいです。確認のしかたにも工夫をしてみましょう。

## 日本語以外でのポイント

### ❶指さし

　隣同士でペアになることを伝える際、指さしを使っています。例えば、親指と人差し指をくっつけたり、離したりすることで、2人でペアになることを視覚的に伝えられます。こうした手振りも利用して伝えましょう。

### ❷子どもの母語を用いた説明

　「印象に残る」は語彙としても難しい部類に入ります。今回の場面では、事前に調べておき、子どもの母語を用いて「印象に残る」を説明しました。授業準備の段階で難しいと思われる単語は訳しておき、提示できるように用意しておくのも大切でしょう。また、最初から日本語で意見・感想を伝えるのが難しい場合は、まずは母語で考えて頭の中を整理していくという方法もあります。

## ポイントのまとめ

- ☑ シンプルな形である「〜てください」を使って行動要求をする。
- ☑ 「わかりましたか」と確認するのではなく、具体的に質問をする。
- ☑ 指さしを使って、ペアを作る。
- ☑ 難しいと思われる単語は事前に調べておく。

### もっとくわしく

●ピア・リーディング

　読んだ文章に関して話し合いを行い、理解を深め合っていく活動を**ピア・リーディング**と言います[1]。ピア（peer）とは「仲間」のことを意味します。今回のケースのように、まずは1人で考えて、そして2人で対話を行い、それから4〜6人程度のグループで話し合って、最後に全体に向けて発表するという活動も考えられます。この形式は、徐々にメンバーや意見が増大していくので、「雪玉転がし」と呼ばれる協同学習の手法です。

　発表というと、人前で意見や感想を述べることを想像してしまいますが、ペア同士での発表という形式もあります。最初からいきなり全体に対して発表するのではなく、スモール・ステップで徐々に活動を広げていくことで心理的な障壁を減らすこともできます。

　子どもが発表に対する抵抗感を軽減できるよう、前術のような足場づくりを意識してみてもよいでしょう。

## 2-8 文章問題を扱う

小中

算数で速さの単元を扱っているとします。その際、以下の文章問題をどのように説明しますか。考えてみましょう
① 「時速 6 km で進む人は15km 進むのにどのぐらいかかりますか」という文章問題を扱う。

### 会話例

担任：時速 6 km で進む人は15km 進むのにどのぐらいかかりますか。

先生、わかりません。：**チャン**

担任：じゃあ、ここにチャンさんがいます。

はい。：**チャン**

担任：チャンさんは 1 時間に 6 km 進みます。時速 6 km です（「1 時間 6 km= 時速 6 km」と板書する）。

はい。：**チャン**

担任：今、チャンさんは15km 進みました（「15km」と板書する）。

何時間何分かかりましたか。

チャン：「じ（時間）」は「き（距離）」割る「は（速さ）」だから。

担任：うん。

チャン：15÷6。

担任：はい。

チャン：2.5です。

担任：そう。じゃあ2.5時間は。

チャン：2時間30分です。

葉山：そう！合ってるよ！

## 日本語でのポイント

### ❶書き換えと言い換え

　日本語を母語としない子どもに対する指導では、問題文を書き換えたり、言い換えたりすることも大切です。例えば、元の問題文は「時速6kmで進む人は15km進むのにどのぐらいかかりますか」のように1文で構成されています。それを「チャンさんは1時間に6km進みます。時速6kmです。今、チャンさんは15km進みました。何時間何分かかりましたか」と4文に分け、述べています。このように文を細分化することで、1つずつ情報を伝達することができるのです。

　あわせて「 速さ で進む □ は 距離 進むのに 時間 かかります（か）」などのように時間を求める文章問題のモデル文を提示し、繰り返し問題に触れながら定着を図るという方法もあります[6][19]。

### ❷置き換え

　元の問題文には具体的な登場人物はいませんでしたが、教師はチャンさんの話として置き換え説明しています。このように自分のことと

して問題を置き換えると、内容が身近になり、わかりやすくなります。

## 日本語以外でのポイント

### ❶板書

「1時間6km（＝時速6km）」「15km」などと大切な数値は板書しています。それにより、情報を視覚的にも整理することができます。板書では以下のように図示し、理解支援をすることも考えられます。

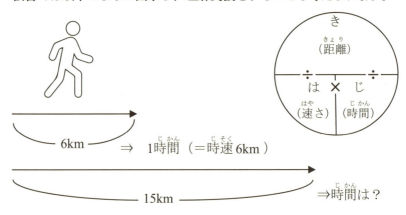

```
┌─────────────────────────────────┐
│ ポイントのまとめ                │
│ ☑ 問題文を書き換えたり、言い換えたりする。│
│ ☑ 子ども自身に置き換えて、説明する。│
│ ☑ 板書して図示する。            │
└─────────────────────────────────┘
```

## もっとくわしく

### ●身近な例を使って理解を深める

寺薗佑介氏と加藤好崇氏[21]は、公立小学校における外国人児童

と日本人児童および日本人教員の接触場面を調査しています。その中で、外国人児童が理解できるように、教員が日常的な話題を持ち出したり、身近なものに例えたりして、理解できるようにしています。例えば、算数における時間の学習で起床時間を尋ねたり、文章問題で登場人物を児童や親しい人に置き換えたりする実例が挙げられています。

このように、身近な例を取り入れることで、よりわかりやすくなると考えられます。

## ●雰囲気づくりの重要性

都内公立小学校に在籍する中国人児童と日本人児童の接触場面を観察した伊藤宏美氏[3]は、算数の授業において外国人児童の返答に日本人児童が「言えたじゃん」「いいでーす」などと発する場面を取り上げ、クラスで温かく見守ろうとする雰囲気が作り出されることで、外国人児童が受け入れられ、交流が深まることを報告しています。また、群馬県伊勢崎市の小中学校教員836名に対して調査を行った古川敦子氏[23]は、周りのクラスメイトが外国籍の子どもをサポートしたり、徐々にスペイン語を覚えていったりするケースがあることを報告しています。ほかにも、国際教室で子どもがある日本語表現を学んだ際には在籍学級のクラスメイトに「〇〇さんが▲▲という日本語を習ったから、それで話しかけてみてね」と教師が伝える事例[9]や、子どもたちが主体となって多言語であいさつ運動を展開するといった事例[9][27]などもあります。

このような雰囲気づくりも子ども同士のつながりを深めるきっかけになると思われます。

## 2-9 作文指導を行う

小中

運動会をテーマに作文を書く場面です。子どもが何を書きたいかを聞き出しながら、書き方を説明してください。
①書きたい内容を尋ねる。
②作文の構成を説明する。

**会話例**

担任：運動会はどうでしたか。

楽しかったです。：**ワン**

担任：何が一番楽しかったですか。

えーと、これ…（玉入れの身振りをする）。：**ワン**

担任：ああ、「玉入れ」ですね（「①運動会で一番楽しかったのは玉入れです」と紙に書く）。

玉入れ。：**ワン**

担任：ええ。どうしてですか。

　　　　　　　　クラスのみんなといっしょにしましたから。

　　　　　　　　　　　　　　　　みんながんばりました。：**ワン**

担任：そうですね（「②なぜなら〜からです」と紙に書く）。

　　　例えば、玉入れの中で何を一番がんばりましたか。

　　　　　　　　みんなでいっしょに「1,2,3」って……。：**ワン**

担任：はい、数えましたね（「③たとえば」「数(かぞ)えました」と紙に書く）。

　　　　　　　　　　　　　　　　　　　　　　はい：**ワン**

担任：だから、玉入れが一番楽しかったんですね。

　　　　　　　　　　　　　　　　　　　　　そうです。：**ワン**

担任：（「④だから」と紙に書いてから、それを見せ）

　　　OK。じゃあ、この①→②→③→④のことを書きましょう。

## 日本語でのポイント

### ❶構成の説明

　今回の場面では、問答を行いながら構成を説明しました。本節で使った構成は、①最初に導入として要点を伝えてから、②根拠と③具体例を説明し、最後に④まとめとして再度要点を述べるというものです。これは一般的に、Point（要点）、Reason（理由）、Example（具体例）、Point（要点）という単語の頭文字を取り、PREP(プレップ)法と呼ばれています。教師は質問をしながら、紙にキーワードを書いていくことで、子どもはそれを見ながら作文の構成を整理することができます。この問答は、子どもの日本語習得状況などに応じて子ども同士で行うことも可能です。その際、教師は「何が一番楽しかったですか」「どうしてですか」「例えば、何ですか」などの質問を事前に提示し、それを子ども同士が話し合う形で進め

ていきます。このような表現支援も可能です。

　ほかにも文章構成の種類には、過去・現在・未来と時系列で述べる**時系列法**、よかった点と反省点、あるいは長所と短所など２つの相反する側面を書く**両面法**、「特徴は３つあります」などと最初に論点の数を述べ、１つずつ説明していく**ナンバリング法**などもあります。作文指導では、起承転結を使って書くだけでなく、ジャンルを踏まえて目的にかなった構成を取り入れてみてもよいでしょう。

## 日本語以外でのポイント

### ❶フローチャートの提示

　上の PREP 法の流れを説明するために、フローチャートを使用しました。このような図解があることで、目で見てどのような流れになるかを確認することができます。構成を説明する際、①要点「運動会で一番楽しかったのは□□□です」→②理由「なぜなら〜からです」→③具体例「たとえば」→④要点「だから」と書いてあるプリントを用いることもできますが、「要点」「理由」「具体例」「要点」などの用語は日本語以外に母語であらかじめ併記しておいてもよいでしょう。

---

**ポイントのまとめ**
- ☑ 質問をしながら作文の構成を説明する。
- ☑ フローチャートなどを活用して図示する。

## もっとくわしく

●ピア・レスポンス

　クラスメイト同士で互いの作文を読み合って推敲していく活動を**ピア・レスポンス**と言います[1]。つまり、教師に向けて子どもが作文を書くのではなく、広くクラスメイトも読み手として想定し、作文を書いていくのです。例えば、初稿をクラスメイト同士で読み合い、「どこに興味を持ったか（何が面白かったか）」「どこがわからなかったか（何が難しかったか）」などを話し合い、それをもとに推敲していくという活動も考えられます。

　ピア・レスポンスも協同学習に含まれるため、良好な人間関係を築くための1つの活動形態となります。

●記述型訂正フィードバック

　「訂正フィードバック」とは、学習者の誤りに対して教師が提供するフィードバックのことです。2-1では口述型の訂正フィードバックを紹介しました。本節では記述型の訂正フィードバックについて考えていきます。記述型の訂正フィードバックには、内容面へのフィードバックと言語形式面へのフィードバックの2つがありますが、ここでは言語形式に対して与えられる訂正フィードバックを5種類紹介します[35]。

①**直接的訂正フィードバック**：正しい形を直接的に学習者に伝える訂正。

例：私　歩きてさくら公園に　行きました。
　　　∧　↓
　　　は　い

②間接的訂正フィードバック：誤りがあることを伝えるが、正しい
形は伝えない訂正。

例：私　歩きてさくら公園に　行きました。
　　　∧

③メタ言語的訂正フィードバック：エラー・コードや短い文法説明
を用いて誤りを知らせる訂正。

例：私　歩きてさくら公園に　行きました。
　　　∧
　　part. form　　　　　　＊ part.：助詞（particles）、form：活用

④フォーカスト訂正フィードバック：特定の言語形式だけに焦点を
絞った訂正。

例：私　歩きてさくら公園に　行きました。
　　　∧
　　は　　　　　　　＊この場合、助詞だけに焦点を絞っています

⑤再構成：教師が誤りを含んだ文を自然な文になるように書き直す
訂正。

　例：私　歩きてさくら公園に　行きました。
　　⇒私は歩いてさくら公園に　行きました。

　これらの訂正方法は単独でも使用できますし、組み合わせて使うこともできます。また、すべての誤りを訂正すると作文用紙が真っ赤になることもあり、それを見た子どもがやる気を失う恐れがあるため、ポイントを絞るのも効果的です。作文指導において、どのような訂正が適切なのかを意識しながらフィードバックを提供しましょう。

# 第3章

## 教育相談・生徒指導・進路指導における場面

# 3-1 教室内の決まりを伝える

小中

　教室内での決まりを説明している場面です。以下の内容を子どもに伝えてみましょう。
①お金やスマートフォンを学校に持ってこないこと。
②マンガやゲームなど授業に不要なものを持ってこないこと。
③教室で食べ物を食べないこと。

### 会話例

担任：教室の決まりを３つ言います。

　　　　　　　　　　　　　　　　　　　はい。：パウロ

担任：１、お金やスマートフォンを学校に持ってきません。

　　　　　　　　　　　　　　　　　だめですか。：パウロ

担任：はい。授業で使いません。

　　　　　　　　　　　　　　　　わかりました。：パウロ

担任：２、マンガやゲームなども持ってきません。

勉強に必要じゃないです。

　　　　　　　　　　　　　　　　　　　　　　はい。：**パウロ**

**担任**：最後です。教室で食べ物を食べません。

　給食の時間にご飯を食べてください。

　　　　　　　　　　　　　　　　　　はい。わかりました。：**パウロ**

## 日本語でのポイント

### ❶動詞文

　1-2と1-3で説明したように、動きを伝える際は動詞文を使います。日本語の授業で動詞を学ぶ際は、基本的に「〜ます」「〜ません」の形を最初に習うため、今回の場面では「持ってきません」「使いません」「食べません」などの形を使っています。「〜てはいけません」や「〜ないでください」などの表現は、ある程度日本語の学習が進んでから提示されるので、まだ習い始めたばかりの場合は、「〜ます」「〜ません」の形を使ったほうが伝わりやすいです。

### ❷形容詞文

　1-2で説明した形容詞文も使われています。上の会話例では、ナ形容詞の「必要な」が否定形「必要じゃない」で使われています。否定形は「〜じゃないです」以外にも、「〜ではないです」「〜じゃありません」「〜ではありません」のようにさまざまな形があり、日本語の教科書によって、学ぶ形は異なります。しかし、日本語話者は話しことばで「〜じゃないです」を多く使うと言われているため、本書では原則として「〜じゃないです」を使用しています。

## 日本語以外でのポイント

### ❶ピクトグラムの活用

**ピクトグラム**とは、事物や概念などを一目で理解できるように単純化した絵文字のことです[11]。先の会話にあった「お金やスマートフォンを学校に持ってこないこと」「マンガやゲームなど授業に不要なものを持ってこないこと」「教室で食べ物を食べないこと」などをわかりやすく伝えるためには、ピクトグラムが最適です。というのは、ピクトグラムは母語によらず、事物や概念を視覚的に伝えることができるからです。また、ピクトグラムは、「お金やスマートフォンを学校に持ってきません」などとことばで説明するよりも、瞬時に伝えることができます。

どのようなピクトグラムがあるのかを調べる際は、インターネットで検索してみるなどするとよいでしょう。

財布、スマートフォン、マンガ、ゲーム、食べ物のピクトグラム

### ❷イラスト・写真の提示

ピクトグラム以外にも、イラストや写真などを提示して、教室の決まりを説明することも可能です。適宜これらの視覚的な補助も利用してみてください。

## ポイントのまとめ

☑ 動詞文や形容詞文を使って決まりを伝える。

☑ シンプルな形である「〜ます／ません」「〜です／じゃないです」を使う。

☑ ピクトグラムやイラスト・写真を有効活用する。

## 3-2 悩みや問題を聞く

小中

　子どもが掃除をしようとしていません。その際、あなたはどのようなことばをかけ、そしてどう接しますか。
①悩み・問題を聞き出す。
②自己解決のサポートをする。

### 会話例

**担任**：フエさん、どうしましたか。

　　　　　　　　先生、私は掃除したくないです。：**フエ**

**担任**：掃除したくない。

　　　　　　　　はい、したくないです。：**フエ**

**担任**：掃除がいやなんですね。

　　　　　　　　はい。：**フエ**

**担任**：何か困っていますか。

　　　　　　　　あの、図書館の掃除がわかりません。：**フエ**

担任：わからないから、困っているんですね。

そうです。みんな何も教えてくれません。：**フエ**

担任：ぞうきん係とかモップ係とか教えてくれないんだ。

はい。：**フエ**

担任：そうですか。じゃあ、どうしましょうか。

うーん………２班の松下さん。：**フエ**

担任：松下さん？

友達です。：**フエ**

担任：はい。

松下さんに係を聞いてみます。：**フエ**

担任：ええ、わかりました。

## 日本語でのポイント

### ❶傾聴の姿勢

今回の場面で教師は「掃除をしなさい」「どうして掃除しないんですか」などと一方的に命令や詰問をしていません。その代わりにどう対応しているかというと、「掃除したくない」「掃除がいやなんですね」「何か困っていますか」「わからないから、困っているんですね」などと、子どもの話をよく聞き、その内容を踏まえてフィードバックをしています。このような**子どもの気持ちに寄り添う共感的な聞き方**は、相手の本心を知ることができます。なぜなら、ことばと本心は必ずしも一致しているわけではないからです。つまり、本心は別にあり、本心が変換された形として、「掃除したくない」ということばが発せられているのです。教師はその変換された形を解読し、ことばの裏にある子どもの気持ちや本心を把握する必要が

あります。その際に大切なのが上記のような**傾聴の姿勢**なのです。これにより、話しやすい雰囲気を醸成することができます。

### ❷自己解決のサポートをする

会話例の後半では「じゃあ、どうしましょうか」などと解決するためにはどうすればよいのか、子ども自らが考えるきっかけを提供しています。もしここで、子どもから「班の友達に聞きます」という解決策が出てきたとしたら、その案の実行をサポートすることも可能です。解決策が出てこない場合は、やり方や役割分担について班員に聞いたかどうかを教師が尋ねたり、班員と話し合う機会を設けたり、教師にサポートできることがあるかを問いかけてみたりしてもよいでしょう。このような場面に合った臨機応変な対応も大切です。

以上のように、子どもが問題に直面した際、**子どもが主体的に考え、自己解決まで導けるように教師がサポートすること**が重要です。この姿勢は傾聴のそれとも考えが合致しています。このようなカウンセリングマインドを取り入れた対応も意識してみましょう。

## 日本語以外でのポイント

### ❶日本語と子どもの母語間での会話

感情や気持ちは、身振り手振り、絵・イラストなどを使って伝達するのは困難な場合が多いです。そのため、子どもが日本語をあまり話せない場合は、本文中に何度か紹介している翻訳・通訳アプリを利用して会話を進めることも可能です。例えばGoogle翻訳では、原語入力の方法として「会話」を選択することで、日本語・子どもの母語間でやりとりできます。この「会話」では、日本語の音声を

吹き込むと選択した言語に即時翻訳され、また、子どもがことばを吹き込むと日本語に即時翻訳されます。

> **ポイントのまとめ**
> ☑ 傾聴の姿勢で、子どもの感情や気持ちをくみ取る。
> ☑ 子どもが自分の力で解決できるように教師がサポートをする。
> ☑ 感情や気持ちを伝える際は、翻訳・通訳アプリを活用して会話を進めることもできる。

## もっとくわしく

### ●教師学の知見を活かした聞き方

　教師学講座（T.E.T.：Teacher Effectiveness Training）を考案したアメリカの臨床心理学者トマス・ゴードン氏[13][14]は、子どもが悩みや問題を抱えているときに教師がとるべき対応法は「聞くこと」だと述べています。そして、聞き方には2種類の聞き方があると述べています。それは受動的な聞き方と能動的な聞き方です。

　**受動的な聞き方**は、主に次の3つに分類されます。順に見ていきましょう。

　① 1つ目は、相手のそばに寄り添い、黙って話を聞く沈黙です。
　② 2つ目は、「うん」「ええ」「そうなんだ」など相づちを打ったり、うなずいたりする方法です。
　③ 3つ目は、「詳しく説明してくれますか」「それからどうなったの？」などのように質問を投げかけ、話を促す方法です。

　次に、能動的な聞き方です。**能動的な聞き方**とは相手の気持ちや

感情を受け止め、フィードバックする聞き方のことです。能動的な聞き方は、主に3つに分類されます。

例えば、子どもが「掃除したくない」と言った場合、どう反応するかで紹介していきましょう。

① 1つ目は、「掃除したくないんだ」と相手の言ったことをそのままオウム返しする繰り返す方法です。
② 2つ目は、「やりたくないんだ」のように要約したり、言い換えたりする方法です。
③ 3つ目は、「いやなんだね」「困っているんだね」などのように相手の気持ちをくむ方法です。

これらの聞き方で大切なのが、**途中で相手の発言に対して批判や反論を挟み込まず、話を最後まで聞いて意図をくみ取ろうとする受容的な姿勢**です。たとえ途中で何かを言いたくなったとしても、ひとまずそれは脇に置いておき、子どもの気持ちに寄り添うことが大切です。教師が意見や助言を述べるのは、子どもの話をきちんと聞いたうえで「私の考えを言ってもいいですか」などと尋ね、許可を得たときや、子どもから教師の考えを求められたときです。

上記の点を意識することで、子どもは「先生に受け入れられている」と感じ、安心して本音で話すことができるとされています。子どもと話す際は、これらの聞き方を組み合わせて、子どもが話しやすい雰囲気を作るようにしてみましょう。

●**教員が抱える課題**

大阪教育大学の臼井智美氏[5]は、外国人児童生徒の指導を担当する公立小・中学校の教員109名に対して調査を行い、教員が抱える課題を次の8つに整理しています。

①日本語指導上の課題
②教科指導上の課題
③コミュニケーション上の課題
④文化的相違に起因する課題
⑤メンタルサポート上の課題
⑥子ども同士の関係形成に関する課題
⑦指導体制に関する課題
⑧その他（生徒指導、進路指導など）

　本節は、主に⑤メンタルサポート上の課題、⑧その他（生徒指導、進路指導など）などと関連する場面なのですが、ここでは子どもの気持ちに寄り添おうとする傾聴の姿勢が大切なポイントの１つとなってくるでしょう。

# 3-3 子ども間のトラブルに対応する

小中

給食のおかわりを勝手に取った・取っていないで、子ども間のトラブルが発生しています。以下の対応をしてください。
①お互いの言い分を聞く。
②問題解決のサポートをする。

**会話例**

担任：どうしましたか。

ハン：先生、今井君ずるい。

担任：ずるい？

今井：何もずるくないよ。

担任：ハンさん、何がずるいんですか。教えてください。

ハン：今井君がおかわりのプリンを取りました。

担任：プリンを取りました。だから、ずるいと思うんですね。

ハン：はい。

担任：今井さんの話も教えてください。

「プリンほしい人」って聞いたけど、

誰も何も言わなかったから、取っただけです。：**今井**

担任：誰も「ほしい」と言いませんでしたか。

はい。：**今井**

何も聞こえませんでした。：**ハン**

担任：ハンさんは聞こえなかったんですね。

はい。：**ハン**

担任：そうですか。じゃあ、これからおかわりのしかたはどうしましょうか。

おかわりがほしい人は手を挙げる。：**今井**

担任：ほしい人は手を挙げる（手を挙げる動作をする）……それなら、みんなわかりますね。ハンさんは。

大きい声でほしい人を聞いてください。：**ハン**

担任：わかりました。それじゃあ、おかわりでは大きい声でほしい人を聞きます。そして、ほしい人は高く手を挙げましょうか（手を挙げる動作を見せる）。

はい：**ハン・今井**

## 日本語でのポイント

### ❶介入的援助

今回の場面で、教師は**受動的な聞き方**と**能動的な聞き方**の2種類の聞き方（3-2参照）を駆使し、2人の話を聞いています。例えば、「教えてください」「プリンを取りました。だから、ずるいと思うんですね」「誰も『ほしい』と言いませんでしたか」「ハンさんは

聞こえなかったんですね」などです。教師によるこのような対応を**介入的援助**と言います[14]。先のような聞き方をすることで、感情が高まっていた子どもは冷静になり、またお互いの考えや気持ちを落ち着いて聞くことができます。ほかにも能動的なフィードバックの利点としては、子どもにとってお互いの内容を再度聞き返す機会ができることも挙げられます。例えば、今井さんが述べた「『プリンほしい人』って聞いたけど、誰も何も言わなかったから、取っただけです」は1文としては長いため、ハンさんが理解できるように教師は「誰も『ほしい』と言いませんでしたか」とわかりやすく要約しています。そうすることで、内容が理解しやすくなります。要約や言い換えに際してはわかりやすくなるような工夫も意識してみましょう。

## ❷教師による問題解決のサポート

お互いの考えや気持ちが明らかになった会話例の後半では、教師が「これからおかわりのしかたはどうしましょうか」と尋ねています。このように、子ども自らが問題解決に向かっていくためのきっかけを作ることも重要です。ただ単に教師が「2人ともクラスメイトなんだから、仲よくしなさい」「おかわりのときは大きい声でほしい人を聞いて、ほしい人は高く手を挙げてください」などと解決策を言ってしまうのは簡単ですが、それは教師の考えであって、問題を所有する子どもたちの解決策ではありません。このような場面で大切になってくるのは、子どもが直面する問題を主体的に自己解決することです。**自己解決するためのサポートとして教師にできることは、会話例のように解決策を考えるきっかけを提供すること**だと言えます。

## 日本語以外でのポイント

### ❶例示動作

「手を挙げる」と述べているときに、教師は実際に手を挙げる例示動作をしています。そうすることで、おかわりの際に何をすべきかを実例で示すことができます。

### ❷日本語と子どもの母語間での会話

今回は、話す人のターン（話す順番）が頻繁に交替しています。このような場面で大変頼りになるのが、翻訳・通訳アプリを使用した会話です。例えば、本書で何度も登場しているGoogle翻訳の場合、原語入力の方法を「会話」にすることで、日本語・子どもの母語間で迅速にやりとりができます。この「会話」では、日本語の音声を吹き込むと選択した言語に即時翻訳され、また、子どもがことばを吹き込むと日本語に即時翻訳されます。

---

**ポイントのまとめ**

- ☑ 傾聴の姿勢で子どもの話を聞き、介入的援助を行う。
- ☑ 教師は問題解決のサポートをする。
- ☑ 例示動作で何をすべきかを示す。
- ☑ 翻訳・通訳アプリなどを利用して、迅速なターンの交替にも対応する。

## 3-4 宿題をしていないときの対応をする

小中

　海外では、宿題という習慣があまり一般的ではない学校もあります。そのため、教師が宿題を出しても、子どもがしてこないという事例も聞かれます。その場合、どう対応したらよいのでしょうか。
①宿題をしたかどうか尋ねる。
②していない場合の対応をとる。

### 会話例

**担任**：宿題を見せてください。

**フラン**：あ……。

**担任**：フランさん、宿題は。

**フラン**：しませんでした（空欄の宿題を見せる）。

**担任**：しませんでしたか。フランさんが昨日の算数がわかったかどうか、私はチェックができません。だから、私は心配です。

　　　　　　　　　　昨日は時間がありませんでした。：**フラン**
担任：あー、時間がなかった。
　　　　　　　　　　はい。家で掃除や料理をしました。：**フラン**
担任：忙しかったんですね。
　　　　　　はい。でも、今日は晩ご飯のまえに宿題をします。：**フラン**
担任：わかりました。ありがとう。

## 日本語でのポイント

### ❶教師の気持ちを伝える

　今回の場面で教師は「宿題をしてください」「宿題を忘れてはいけません」などのようには述べていません。なぜなら、「宿題をしてください」「宿題を忘れてはいけません」のように指示・注意したとしても、抵抗や反発などの反応を見せるかもしれないからです。

　先の会話例で教師は、「昨日の算数がわかったかどうか、私はチェックができないから、心配だ」のように伝えています。教師がこのように述べることで、「**気にかけている**」という気持ちを子どもに伝えることができます。「宿題をしなさい」「宿題を忘れてはいけません」と一方的に上から言われるよりも、「気にかけている」というメッセージを伝えたほうが、子どもは「きちんと宿題をしよう」と自発的に考える可能性が高くなります。

### ❷対応法の切り換え

　教師の気持ちを伝えたあとは、傾聴の姿勢へと**切り換え**を行うことも大切です[13][14]。というのは、教師だけがメッセージを伝えていては、一方的なコミュニケーションになってしまうからです。そうならないためにも、子どもからも話を聞き、双方間で「どのよう

なことを思っているのか」を伝え合うことが大切です。くわえて、子どもが「昨日は時間がありませんでした」のように、防衛的な反応を示した場合は、教師が**傾聴の姿勢**に転ずることで、子どもの高まった感情は徐々に収まっていきます。

　以上のように適宜切り換えを意識することで、教師・児童生徒の双方が本心を知ることができ、良好な関係を築きやすくなります。

### 日本語以外でのポイント

#### ❶翻訳・通訳アプリの活用

　1つ前の場面と同じく、感情や気持ちを伝達するのは、身振り手振り、絵やイラストだけでは難しいこともあります。そのため、通訳・翻訳アプリを活用しながら、教師のメッセージを伝えるのも有効な手段だと考えられます。

> **ポイントのまとめ**
> - ☑ 指示や注意をせずに教師の気持ちを伝える。
> - ☑ 「あなたを気にかけている」というメッセージを送る。
> - ☑ 適宜傾聴の姿勢に切り換える。
> - ☑ 翻訳・通訳アプリの活用しながら、教師のメッセージを伝えることもできる。

### もっとくわしく

#### ●教師学の知見を活かした伝え方

　教師学講座を開発した臨床心理学者トマス・ゴードン氏[13][14]は、

「(あなたは) 宿題をちゃんとしてください」「(あなたは) 宿題を忘れてはいけません」などのような「あなた」が主語になっている「あなた（you ユー）メッセージ」には効果がないことを指摘しています。では、その代わりにどう伝えればよいのでしょうか。

　教師学では、子どもの行動によって自分に問題が生じている場合、**①客観的な子どもの行動、②その行動によって生じる自分への影響、そして③自分の感情をセットにして述べる**ことが大切だとされています。この伝え方は基本的に「私」が主語になるので、「**わたし（I アイ）メッセージ**」と呼ばれます。先の例で考えてみましょう。上の会話では「①フランさんは宿題をしませんでした」「②わかったかどうか私はチェックができません」「③私は心配です」のように3点セットになっています。あなたメッセージでは上下関係が浮き彫りになり、また支配する側と支配される側という関係も顕在化します。それに対して、わたしメッセージで述べた場合、そのような縦の関係は存在せず、対等な関係で「私はあなたを気にかけている」ということが伝えられます。そのように言われた子どもは「勉強に付いていけなくなることを先生が心配している」と捉え、宿題をしようと自発的に考える可能性が高くなります。その自発性は「(あなたは) 宿題をちゃんとしてください」などと指示・注意された場合とでは雲泥の差です。実際の研究でも、わたしメッセージは子どもに対して効果的であることが確認されています[30][32]。

　このような伝え方は、日本語が母語でない子どもだけに限らず、どのような子どもに対しても使用できます。傾聴の姿勢と併せて活用してみてください。

## 3-5 宿題をしてきたときの対応をする

小 中

　前回宿題をしてこなかった子どもに、やってきたかどうかを尋ねます。もしやってきたとしたら、どう対応しますか。考えてみましょう。
①宿題をしたかどうか尋ねる。
②してきた場合の対応をとる。

### 会話例

担任：宿題を見せてください。
　　　　　　　　　　はい。これです（宿題を見せる）。：**フラン**
担任：フランさん、宿題をしましたね。
　　　　　　　　　　　　　　　　　はい。：**フラン**
担任：今日はフランさんの宿題がチェックできます。
　　　だから、私はとても嬉しいです。ありがとう。
　　　　　　　　　　あ、はい（顔がほころぶ）。：**フラン**

担任：じゃあ、いっしょに宿題を見ましょう。

はい、そうしましょう。：**フラン**

## 日本語でのポイント

### ❶教師の気持ちを伝える

　先の3-4同様に今回の場面でも、「**わたしメッセージ**」を使って教師の気持ちを伝えています。先述のとおりわたしメッセージの構成は①客観的な子どもの行動、②その行動によって生じる自分への影響、そして③自分の感情の3つです。上の会話では「①フランさん、宿題をしましたね」「②フランさんの宿題がチェックできます」「③私はとても嬉しいです」のように3点セットになっています。

　このような本心を包み隠さずに伝えるコミュニケーションは、良好な人間関係を構築するのに大きく寄与すると考えられます。

## 日本語以外でのポイント

### ❶翻訳・通訳アプリの活用

　自身や相手の気持ちを適切に伝えるためには、通訳・翻訳アプリの使用も有効な手段となります。今回の場面のように、「チェックできて嬉しい」という感情を伝える場合でも、子どもの日本語習得状況に応じて通訳・翻訳を介して伝達することもできます。

### ポイントのまとめ

- ☑ 教師の肯定的な気持ちを子どもに伝える。
- ☑ 翻訳・通訳アプリを活用しながら、やりとりをする。

### もっとくわしく

● 「褒めること」との違い

　先の対応は「褒めること」とは異なります[14]。「（あなたは）いい子だね」「（あなたは）頑張ったね」「（あなたは）上手だね」など、「あなたメッセージ」を用いた称賛は教師が子どもに与える一方的な評価・判断であり、評価する側と評価される側という上下関係を作り出します。また、称賛は「褒められるからする」のように、褒められること自体が目的化する恐れがあり、子ども自身が評価・判断し、主体的に自己決定する機会を奪ってしまいます。それに対して、**教師の肯定的な気持ちを伝える「わたしメッセージ」**の場合、あくまでも教師は「嬉しさ」を表現したまでに過ぎず、最終的な判断・解釈は子どもに委ねられます。そのため、あなたメッセージの称賛よりも双方向的なやりとりだと言えるのです。

　これは親子関係でも同様に言えることです。例えば、食器洗いをした子どもに「（あなたは）えらいね」などと言った場合、子どもは「お皿を洗ったから、褒められた」と捉えます。一方で、「お皿洗いをしてくれると、お母さん（お父さん）は楽になるから嬉しいよ。ありがとう」などとわたしメッセージで伝えた場合、子どもは「自分の行動が人の役になっている」と考え、食器洗い以外にも主体的に風呂掃除や料理の手伝いなどもするかもしれません。というのは、基本的に人は、親しい人の喜びを自分の喜びとして捉える共感の機能を備え持っているからです。

　このような伝え方は、喜びや感謝などプラスの感情を子どもと分かち合うことができ、また、子どもの自己肯定感を生み出すことも

できます。学校現場でも活用してみてはいかがでしょうか。
## ●授業態度が悪い日本語学習者

　筆者も以前、授業態度が悪い日本語学習者に対して「わたしメッセージ」を使ったことがあります。モンゴルの中学生に対して日本語を教えていた私は、授業態度が悪い1人の子どもに頭を悩ませていました。授業中アメをなめたり、ガムを噛んだりするその学習者に、どう指導すればよいかを考えていました。叱るという方法もありましたが、効果がないと思い、叱りたくありませんでした。そこで、私のとった行動がわたしメッセージの活用でした。態度が悪いその子の前に行き、「Ａさんがガムを噛んでいると、私は授業中気になって、いやなんです」と素直に自分の気持ちを言ったのでした。しばらくすると、その子は噛んでいたガムを口から出し、そのガムをティッシュに包んだのです。その後、私は「気持ちよく授業ができて嬉しい。ありがとう」と肯定的な気持ちを伝えました。

　いつも相手の行動が即座に変わるとは限りませんが、わたしメッセージを何度か送ることで、じんわりと子どもに気持ちが伝わっていきます。なぜなら、上のようなわたしメッセージは、自分の行動が他者に影響をもたらしているということを考えるきっかけになるからです。もしわたしメッセージを受け取って子どもが防衛的な反応を見せた場合は、教師が傾聴の姿勢へと適宜切り換えることも大切でしょう。

　ただ叱るのではなく、「自分の行動が他者に影響を与えている」と学習者自らが考える機会を作るのも、大切な指導法の1つだと気づかせてくれる出来事でした。

## 3-6 進路面談を行う

小中

　長期的な視点で将来を見据えるということから、進学・就職の準備は小学校高学年から必要だとされています[6]。今回は、中学校卒業後の進路に関して話し合う三者面談の場面で、子どもは進学を希望しており、母親は就職してほしいと考えているという状況です。実際の現場でも、学校に通いたい子どもと、少しでも早く働かせたい保護者というジレンマで悩む教師もいるようです[5]。どう話し合いを進めていけばよいのでしょうか。
①子どもと母親の考えを聞く。
②お互いが納得できるような話し合いのサポートをする。

### 会話例

担任：中学校のあとはどうしますか。

　　　　　私は高校に行きたいです。勉強したいです。：**アンナ**

担任：高校で勉強したいんですね。お母さんは。

　　　　　　　　　　　　　　　　　　　仕事です。：**母親**

担任：仕事をしてもらいたい？

　　　　　　　ええ。お金が問題です。高校はお金がかかります。：**母親**

担任：お金が心配ですか。

　　　　　　　　　　　　　　　　　　　そうです。：**母親**

担任：わかりました。アンナさんとお母さん２人にとっていい答え
　　　をいっしょに考えませんか。

　　　　　　　　　　　　　　　　　　　え、何ですか。：**アンナ**

担任：アンナさんは勉強したいんですよね。

　　　　　　　　　　　　　　　　　　　はい。：**アンナ**

担任：お母さんはお金が問題なんですよね。

　　　　　　　　　　　　　　　　　　　ええ。：**母親**

担任：勉強ができます。そしてお金もかかりません。
　　　その答えをいっしょに考えましょう。

　　　　　　　　　　　　　　　　　　　ありますか。：**アンナ**

担任：日本には支援金や給付金の制度があります。

　　　　　　　　　　　　　　　　　　　何ですか。：**アンナ**

担任：この制度では、お金をもらうことができます。

　そうですか。ほかに、仕事と勉強はいっしょにできますか。：**母親**

担任：はい、できます。例えば、日本には定時制高校があります。

　　　　　　　　　　　　　　　　　　　ていじせい？：**母親**

担任：この学校では、働きながら学校で勉強ができます。
　　　それから、通信制の高校もあります。

　　　　　　　　　　　　　　　　　　　つうしんせい？：**アンナ**

担任：はい、通信制では、家で勉強します。働くこともできます（それぞれ母語に翻訳された資料を見せる）。

### 日本語でのポイント

**❶お互いのニーズを探る**

　上の面談では、まず初めに教師が**子どもと保護者のニーズ**を尋ねています。そうすることで、話し合いをするうえでの目指すべき方向性を把握することができます。今回の場面では、「進学する」「経済的負担を減らす」という点がお互いのニーズであることを確認しました。このように話しやすい雰囲気を作るためには、教師による傾聴の姿勢が重要となってきます。

**❷教師による情報提供**

　双方のニーズを満たす案として、教師は「就学支援金」「奨学給付金」「定時制」「通信制」などの情報を提供しました。これらの用語を説明する際は、一度に説明するのではなく、適度に１文を短くして伝えたほうがわかりやすくなります。

### 日本語以外でのポイント

**❶母語に翻訳された資料**

　「就学支援金」「奨学給付金」「定時制」「通信制」などを日本語だけで説明するのは困難です。そのため、もし**親子の母語に翻訳された資料がある場合はそれらを事前に準備**し、提示できるようにしておきます。通訳・翻訳ソフトを利用して、文章を翻訳するという方法も考えられますが、パンフレットやホームページ上の文章は難しく書かれていることが多いため、そのままコピー・アンド・ペース

としても適切に訳されないことが多いです。一度、教師側でわかりやすい日本語にしてから、翻訳したほうがよいでしょう。

**❷通訳を介した進路相談**

　進路選択は子どもの人生を左右すると言えるほど重要な選択です。そのため、日本語がほとんど話せない保護者と面談をする場合は、**前もって母語支援員や通訳者に通訳を依頼し、母語を介して進路相談を行う**という方法も考えられます[27]。通訳に際しては適度に文を区切り、順次通訳してもらうようにしてください（逐次通訳と言います）。それにより、正確性が高まり、理解しやすい訳となります。

## ポイントのまとめ

- ☑ 傾聴の姿勢でお互いのニーズを聞く。
- ☑ 解決策を考える際は情報提供をし、わかりやすい説明を意識する。
- ☑ 親子の母語にも配慮した進路面談を行う。

## もっとくわしく

### ●話し合い時のファシリテーターになる

　対立が生じたときには、互いの立場や条件をもとに対立を深めるのではなく、**勝ち負けが出ない第3の解決策を創り出す**ことが大切だとされています[12][13][14]。つまり、「あれかこれか」「賛成か反対か」などと二者択一で物事を捉えないようにするのです。実際には二者のほかにも無数の選択肢が存在しているのですが、二者択一で物事を捉えていると、それらを見過ごしてしまいます。立場や条件の違いをもとに対立するのではなく、両者が視点を広げ、**共通の利**

害や双方のニーズに目を向けて解決していくのです。

　教師は以下のような6ステップで、ファシリテーター（促進者）として話し合いを進めていくことができます。その際、教師が情報提供するのもよいでしょう。

　第1に、参加者全員が二者択一の思考から抜け出すことが必須条件となります。そのため、もし主張が対立したのなら「みんなにとって一番いい答えをいっしょに考えませんか」などと提案する必要があります。この提案に対して賛同が得られれば、ベストな解決に近づくわけです。第2に、成功の基準を設定します。先の例で言えば、「進学する」「経済的負担を減らす」という点が、両者のニーズを満たす基準でした。第3に、考えられるだけの案をたくさん挙げていきます。いわゆるブレイン・ストーミングです。第4に、挙がった解決策の中から納得できるものを選んでいきます。このときに重要なのは全員が合意するという点です。そうすることで、全員が決定に対して参加意識を持てるからです。多数決は一見すると民主的なように思えるかもしれませんが、少数派にとっては不満やわだかまりを残す結果となってしまいます。いわゆる一方が勝ち、他方が負けるという状態です。そうならないためにも、全員で解決策を選び、実行に移すことが重要なのです。この部分が妥協策とは大きく異なる点です。第5に、解決策を実行します。第6に、振り返りを行います。問題がなければ引き続き実行していき、問題があればまた解決策を考え直すのです。それから、これらのプロセスで大切なのが、途中で相手を否定・批判せず、最後まで話を聞いて意図をくみ取ろうとする傾聴の姿勢です。

　この方法は学級経営でも用いることができます。

第4章

# 学校行事における場面

## 4-1 修学旅行における自由行動を考える

中

　修学旅行時の自由行動を決める場面です。以下の内容を子どもに伝えてみましょう。
①グループで行きたい場所を話し合う。
②メンバーで意見を出して予定を立てる。

### 会話例

担任：6月12日から14日まで京都へ行きます。
　　　13日は自由行動です。朝9時から夕方5時まで自由です（「6/13　9a.m.〜5p.m.」と板書する）。グループで行くところを決めてください。

はい。：**クラス**

担任：今から予定をグループで話して決めてください。

イェーイ！：**クラス**

担任：初めに、一人ひとりが行きたいところの意見を言ってくださ

　　　　　　　　　　　　　　　　　　　　　　　　い。
　　　　　　　　　　　　　　　　　　　　はい。：**クラス**
担任：グループのみんなで話して決めてくださいね。
　　　　　　　　　　　　　　　　　わかりました。：**クラス**
担任：２時半まで話してください。アリさん、質問ありますか。
　　　　　　　　　　　　　あの、昼ごはんは。：**サイード**
担任：昼ごはんの時間もグループで話してください。
　　　　　　　　　　　　　　　　　わかりました。：**サイード**
担任：ほかにも質問ありますか。いいですか。
　　　それでは、始めてください。

## 日本語でのポイント

### ❶１文につき１つのメッセージ

　先の会話例では「６月12日から14日まで京都へ行きます」「13日は自由行動です」「朝９時から夕方５時まで自由行動です」のように、１文に１つの情報を入れて提示しています。そうすることで、１文の情報量をコントロールすることができ、聞き手は確実に１つずつ理解していくことができるのです。また、グループでは全員が意見を出すように繰り返し述べています。このように大切なことは何度か繰り返すことで、聞き手の記憶に残りやすくなります。

### ❷確認

　話し合いを始める前に、質問をしています。そうすることで、わからなかった点があるかを確認することができます。日本語が母語でない子どもに何かを説明する際は、最後に確認をすることを忘れないようにしましょう。

## 日本語以外でのポイント

### ❶板書

「6/13 9a.m.～5p.m.」のように、自由行動の日時を板書でも示しています。というのは、話し合いの最中でも、日にちや時間帯を再確認することができるからです。このように、大切な情報はあとにも見返せるよう、記述して残すことを意識しましょう。

> **ポイントのまとめ**
> ☑ 1文に1つのメッセージを配置して、わかりやすい文にする。
> ☑ 質問を尋ねたりして確認をとる。
> ☑ 重要なことは板書して情報を残す。

## もっとくわしく

### ●意思決定タスク

協同学習の一環として**意思決定タスク**という活動があります。やり方を簡単に確認しましょう。まず教師は、話し合いの際、グループのメンバー全員が必ず意見を述べるように伝えます。そうすることで、メンバーが持っている情報やアイディアを全員で共有できるからです。実際のところ心理学の実験でも、意思決定を行うための話し合いにおいては、情報やアイディアが全員と共有されにくいことが確認されています[44]。そのため、教師が「班の一人ひとりが意見を言ってください」「班のみんなで話して決めてください」などと述べて意識化する必要があるのです。これにより、意見やアイ

ディアが参加者間で共有されやすくなります。教師がその説明をしてから、子どもたちはグループで問題や課題に取り組みます。そして、グループで予定を立て（意思決定し）、最後にまとめた決定事項をほかのクラスメイトに提示します。

　このような協同学習は自由行動の予定を決定すること以外にも、2-3で挙げたような学習指導の場面でも取り入れることが可能です。

# 4-2 合唱コンクールの自由曲を決める

合唱コンクールで歌う自由曲をクラスで決めている場面です。今「マイバラード」「BELIEVE」「時の旅人」の3曲が候補として絞り込まれました。以下を説明してください。
①クラスで自由曲として歌う1曲を選ぶ。

### 会話例

担任：今、3曲あります。みんなの意見を聞きます。

　　　　　　　　　　　　　　　　　　　はい。：**クラス**

担任：この紙をあげます。3枚取ってください（3本指を立ててから、列の先頭に紙を渡す）。

　　　　　　　　　　　　　　　　　　　はい。：**クラス**

担任：取りましたか。では、紙に0,1,2と書いてください（実際に書いて見せる）。レイチェルさん、書きましたか。

　　　　　　　　　　　　　はい、書きました。：**レイチェル**

担任：これはみんなの点数です。ポイントです。
　　　つまり、0は0点、1は1点、2は2点です。

　　　　　　　　　　　　これをどうするんですか。：**矢野**

担任：はい。1番いい歌に2点をあげてください。2番は1点、3
　　　番は0点です。1番点の高い歌がクラスの自由曲になります。

　　　　　　　　　　　　あーわかりました。：**矢野**

担任：レイチェルさん、いいですか。質問ありますか。

　　　　　　　　　　　　大丈夫です。：**レイチェル**

担任：みんな決めましたか。ではまず、「マイバラード」の点をく
　　　ださい（以下同様に「BELIEVE」「時の旅人」も行う）。

## 日本語でのポイント

### ❶指示を表す「〜てください」

　教師が指示をする際に教師は「〜てください」の形を使っています。先述のとおり「〜てもらいます」や「〜てくれますか」などの表現は日本語学習が進んでから提示されることが多いので、シンプルな形である「〜てください」で指示を出したほうがわかりやすくなります。

### ❷確認

　作業が進むたびにレイチェルさんに確認をしています。例えば、「レイチェルさん、書きましたか」「レイチェルさん、いいですか。質問ありますか」このようにポイントごとに確認をすることで、クラス全体から取り残されるという事態を避けることができますし、スモール・ステップで確実に作業を進めていくことができます。

### 日本語以外でのポイント

**❶例示動作**

「3枚」と言う際は、3本指を立てて枚数を説明しています。また、紙に得点を書き込む際、実際に教師も紙にそれぞれ「0」「1」「2」と書いています。このような例示動作は、何をすればよいのかを目で見て理解することができます。「指を立てる」「実演する」などの動作も積極的に活用してみてください。

```
┌─────────────────────────────────────┐
│  ポイントのまとめ                     │
│  ☑ 指示をする際は「〜てください」の形を使う。 │
│  ☑ 確認を怠らず、理解を見ながら作業を進める。 │
│  ☑ 例示動作で何をすべきかを伝える。    │
└─────────────────────────────────────┘
```

### もっとくわしく

**●決め方について考える**

何かを決める際、圧倒的多数の支持を得られる案が生み出されたのだとしたら、ほぼ全員が納得できるため問題ありませんが、票が割れるような状況になった場合はどう決めればよいのでしょうか。慶應義塾大学の坂井豊貴氏[16]は、**決め方によって結果には違いが生じる**ことを指摘しています。また、多数決が常に最善の決め方だとは言えないことも指摘しています。なぜなら、多数決で決めた際、採用されなかった案は排除されることになるからです。つまり、それに投票した人の考えも排除されることになるからです。いわゆる

死票です。これが多数決の弱点なのです。本節で紹介した決め方は、フランス海軍の科学者ジャン＝シャルル・ド・ボルダが18世紀後半に考案した**ボルダ式得点法**と呼ばれるものです。このボルダ式得点法を利用した場合、投票者から万遍なく支持される案が採用されます。

　クラスで物事を決める際は毎回多数決に頼るのではなく、クラスみんなの意見が適切に反映されるよう考慮する必要があります。そのため、教師としてもさまざまな決め方を把握しておく必要があると言えるでしょう。

# 4-3 文化祭の出し物を決める

　文化祭の出し物として、展示形式である「絵」「書道」、発表形式である「演劇」「ダンス」までクラスで絞り込まれました。以下を説明してください。
①クラスの出し物として1つを選ぶ。

### 会話例

**担任**：今、4つの意見があります。みんなの意見を聞きます。

　　　　　　　　　　　　　　　　　　　　　　はい。：**クラス**

**担任**：4つの中からいいものを2つ決めてください。
　　　そして、2つに手を挙げてください（手を挙げる）。
　　　パウロさん、何回手を挙げますか。

　　　　　　　　　　　　　　　　　　　　2回です。：**パウロ**

**担任**：はい、そうです。では、聞きます。「絵」がいい人……。「書道」がいい人……。「演劇」がいい人……。「ダンス」がいい

人……（それぞれの得票数を黒板に書き込む）。

担任：「書道」が1番少ないので、消します。いいですか。

はい。：**クラス**

担任：では、もう一度。2回手を挙げてください。

はい。：**クラス**

担任：「絵」がいい人……。「演劇」がいい人……。「ダンス」がいい人……（得票数を黒板に書き込む）。

「絵」が1番少ないので、消します。いいですか。

はい。：**クラス**

担任：では、「演劇」か「ダンス」か、1つ決めてください。

ですから、1回だけ手を挙げてください（手を挙げる）。

パウロさん、何回手を挙げますか。

1回です。：**パウロ**

担任：そうです。では、聞きます。

## 日本語でのポイント

### ❶板書

選択肢が4つあることが目で見て確認できるように、板書をしています。そして、投票に応じて選択肢を消していっています。そうすることで、視覚的にもどのように決まっていっているかを確認することができます。

### ❷質問形式の確認

決め方を説明する際、パウロさんに何回手を挙げるかを質問形式で尋ねています。それにより、決め方を理解しているかを確認することができます。手を挙げる回数が変わる決選投票でも同様に質問

をし、理解を確認しています。

### 日本語以外でのポイント

**❶身振り手振りと指さしを使った非言語コミュニケーション**

「手を挙げる」が理解できない場合も考え、教師は挙手をし、実際に動作を示しています。このような**身振り手振り**も理解を促すのに効果的です。また、選択肢を1つずつ尋ねる際は、黒板に書かれている案を**指さし**ながら進めることで、現在どれについて話しているかを視覚的にも把握できるでしょう。こういった非言語コミュニケーションも大いに活用していきましょう。

> **ポイントのまとめ**
> - ☑ 板書で何が選択肢かを提示する。
> - ☑ 質問を投げかけて理解できているかどうか確認する。
> - ☑ 例示動作や指差しなどの非言語コミュニケーションを活用する。

### もっとくわしく

●**決め方について考える②**

本節の場面で使われた決め方は、オリンピックの開催地を選出する際に用いられる投票形式「繰り返し最下位消去法」を応用したものです。**繰り返し最下位消去法**とは、最下位になった案を除外し、最終的に1つの案になるまで多数決を繰り返して決めていく方式のことです[16]。例えば、2020年夏季オリンピックの開催地選考では、東京、イスタンブール、マドリードの3都市から1番得票数が少な

かったマドリードが最初に落選し、決選投票の結果、得票数が多かった東京が開催都市として決まりました。

　オリンピックの開催地選考では、1つの都市にしか投票できませんが、先の場面では複数個投票できるようになっていました。というのは、投票を1つだけにし、投票したものが最初から落選した場合、それに投票した子どもは疎外感を持つかもしれないからです。それに対して、複数の案に投票ができる場合なら、少なくとも1つは確実に投票した案が残ります。また、最後まで投票に関与できるため、参加意識を持つこともできます。そのような理由から、先の場面では複数の案に投票できるようになっていたのです。

　4-2で述べたように、意見のまとめ方にはどのようなものがあるのかを研究しておくのも、よい学級経営につながるかもしれません。

## 4-4 運動会・体育祭の種目を決める

小中

100m（男3人.女3人）　800m（男2人.女2人）
200m（男3人.女3人）　障害物（男3人.女3人）
400m（男3人.女3人）　リレー（男6人.女6人）

> 　運動会・体育祭で出場する種目をクラスで決めている場面です。どのように以下の指示を出しますか。
> ①黒板の前に行き、出場したい種目の下に自分の名前を書く。
> ②変更したい場合は書き換える。
> ③それでも定員を超過した種目は話し合う。

### 会話例

**担任**：（黒板に種目と定員を書く）体育祭について決めます。
　　　　これは種目です（指さす）。これは人数です（指さす）。
　　　　例えば、100mは男子3人、女子3人出ます。

　　　　　　　　　　　　　　　　　　　　はい。：**クラス**

**担任**：初めに出たい種目を1つ決めます。
　　　　みなさんは黒板に自分の名前を書きます。

　　　　　　　　　　　　　　　　　　　　はい。：**クラス**

担任：それから、人が多い種目は、一度だけ変えることができます。
例えば、「100mは3人です。でも、今100mは5人です。だから、私は200mに変えます」などです（黒板で例示する）。
それでも、まだ人が多い種目は、話して決めてください。例えば、「100mは4人です。4人で話して3人を決めます」などです（黒板で例示する）。
ヤンさん、質問ありますか。

いつ名前を書きますか。：**ヤン**

担任：今から書きます。

わかりました。：**ヤン**

担任：では、1班と2班の人、前に来てください。
そして、名前を書いてください。

## 日本語でのポイント

### ❶短い文

決め方を説明する際、極力1文を短くし、適度に区切りながら伝えています。このように何かを説明する際は、1文につき1メッセージを意識してみてください。そうすることで、スモール・ステップで確実に説明を進めることができます。

### ❷具体例

①、②、③のルールをそれぞれ説明する際、100mを例にして説明をしています。なぜなら、抽象的な説明が続くと、理解がしにくくなるためです。会話例のように、**具体例を適宜入れる**ことで、決め方がわかりやすくなります。

### 日本語以外でのポイント

**❶板書**

　今回は、種目や定員など非常に多くの情報が登場するため、黒板に情報を整理する必要があります。そうすることで、1つずつ記憶せずに、目で見て確認することができます。特に日本語が母語ではない子どもの場合、日本語で決め方を理解するのに精いっぱいである可能性が高いため、できるだけ負担を軽減するような工夫が大切です。

**❷指さし**

　種目や定員を説明する際は、指さしを行いながら説明しています。そうすることで、現在どこの何について話しているかを視覚的にも把握することができます。

---

**ポイントのまとめ**

☑ 1文を短くする。
☑ 抽象的な説明は理解しにくいので、適宜具体例を入れる。
☑ 板書をしたり、指さしを加えたりして視覚的にも説明する。

【参考文献】

（1）池田玲子・舘岡洋子（2007）『ピア・ラーニング入門：創造的な学びのデザイン』ひつじ書房
（2）伊東信夫・宮下久夫（1994）『漢字はみんな、カルタで学べる：親と子の漢字学習地図（マップ）』太郎次郎社
（3）伊藤宏美（2004）「日本人児童と外国人児童の接触場面における一考察：日本人児童の規範意識と外国人児童の適応プロセス」『千葉大学留学生センター紀要』10, 1-21
（4）茨城県国際交流協会「外国人のための医療情報」〈https://www.ia-ibaraki.or.jp/kokusai/soudan/medical/index.html〉（2019年4月5日）
（5）臼井智美（2011）「外国人児童生徒の指導に必要な教員の力とその形成過程」『大阪教育大学紀要第IV部門教育科学』59（2）, 73-91
（6）臼井智美（2014）『ことばが通じなくても大丈夫！学級担任のための外国人児童生徒サポートマニュアル』明治図書出版
（7）河原俊昭・山本忠行・野山広（編著）（2010）『日本語が話せないお友だちを迎えて：国際化する教育現場からのQ&A』くろしお出版
（8）川村よし子・北村達也「チュウ太の道具箱」〈http://language.tiu.ac.jp/tools.html〉（2019年4月5日）
（9）菊池聡（2018）『〈超・多国籍学校〉は今日もにぎやか！：多文化共生って何だろう』岩波書店
（10）京都市消防局「外国語対応シートの取扱い」〈https://www.city.kyoto.lg.jp/shobo/page/0000157577.html〉（2019年4月5日）
（11）桐山岳寛（2017）『説明がなくても伝わる図解の教科書』かんき出版
（12）コヴィー，スティーブンR. &イングランド，ブレック（2012）『第3の案：家庭、学校、職場、社会、国家における成功者の選択』（フランクリン・コヴィー・ジャパン訳）キングベアー出版
（13）ゴードン，トマス（1985）『教師学：効果的な教師＝生徒関係の確立』（奥沢良雄・市川千秋・近藤千恵共訳）小学館
（14）近藤千恵（監修）、土岐圭子（著）（2006）『教師学入門：教師のためのコミュニケーション論』みくに出版
（15）齋藤ひろみ・池上摩希子・近田由紀子（編）（2015）『外国人児童生徒の学びを創る授業実践：「ことばと教科の力」を育む浜松の取り組み』くろしお出版

(16) 坂井豊貴（2016）『「決め方」の経済学：「みんなの意見のまとめ方」を科学する』ダイヤモンド社
(17) 消費者庁「アレルギー表示に関する情報」
〈https://www.caa.go.jp/policies/policy/food_labeling/food_sanitation/allergy/〉（2019年5月5日）
(18) 高嶋幸太（2018）『日本語で外国人と話す技術』くろしお出版
(19) 田中薫（2015）『学習力を育てる日本語指導：日本を担う外国人児童・生徒のために』くろしお出版
(20) チャルディーニ，ロバート B.（2014）『影響力の武器　第三版』（社会行動研究会訳）誠信書房
(21) 寺薗佑介・加藤好崇（2011）「外国人児童と日本人児童及び日本人教員の接触場面：国際学級と母学級のインターアクション行動の相違」『東海大学紀要 国際教育センター』1, 61-77
(22) 日本語教育学会（2005）『新版　日本語教育事典』大修館書店
(23) 古川敦子（2017）「外国人児童生徒の教育において教員が感じる困難および意義に関する一考察」『共愛学園前橋国際大学論集』17, 39-50
(24) 松永典子（編）（2018）『学校と子ども、保護者をめぐる　多文化・多様性理解ハンドブック』金木犀舎
(25) 三田美佐子（2002）「教科学習場面での調整ストラテジー：ブラジル人児童・担任教師・日本人児童の談話管理のプロセス」『接触場面における言語管理プロセスについて』千葉大学大学院社会文化科学研究科研究プロジェクト報告書38, 41-55
(26) 文部科学省総合教育政策局男女共同参画共生社会学習・安全課（2019）『外国人児童生徒受入れの手引　改訂版』明石書店
(27) 山脇啓造・服部信雄（編著）（2019）『新　多文化共生の学校づくり：横浜市の挑戦』明石書店
(28) Argyle, M., Lefebvre, L., & Cook, M., (1974). The Meaning of Five Patterns of Gaze. *European Journal of Social Psychology*, 4 (2), 125-136.
(29) Aronson, E., Blaney, N., Sikes, J., Stephan, C., & Snapp, M. (1975). Busing and Racial Tension：The Jigsaw Route to Learning and Liking. *Psychology Today*, 8 (9), 43-50.
(30) Chant, C. & Nelson, G. (1982). The Effects of a Mother's Use of I-Messages and Active Listening on a Child's Behavior in the Home. *Family Therapy*, 9 (3), 271-278.
(31) Chartrand, T. L. & Bargh, J. A. (1999). The Chameleon Effect：The Perception-Behavior Link and Social Interaction. *Journal of Personality*

and *Social Psychology*, 76(6), 893-910.
(32) Cheung, S.K. & Kwok, S. Y.C. (2003). How Do Hong Kong Children React to Maternal I-Messages and Inductive Reasoning?. *The Hong Kong Journal of Social Work*, 37(1), 3-14.
(33) Doughty, C. (1991). Second Language Instruction Does Make a Difference : Evidence from an Empirical Study of Relativization. *Studies in Second Language Acquisition*, 13(4), 431-469.
(34) Ekman, P. & Friesen, W. V. (1969). The Repertoire of Nonverbal Behavior : Categories, Origins, Usages, and Coding. *Semiotica*, 1 (1), 49-98.
(35) Ellis, R. (2009a). A Typology of Written Corrective Feedback Types. *ELT Journal*, 63(2), 97-107.
(36) Ellis, R. (2009b). Corrective Feedback and Teacher Development. *L2 Journal*, 1(1), 3-18.
(37) Hall, E. T. (1976). *Beyond Culture*. New York, NY : Anchor Books.
(38) Hemsley, G. D. & Doob, A. N. (1978). The Effect of Looking Behavior on Perceptions of a Communicator's Credibility. *Journal of Applied Social Psychology*, 8 (2), 136-142.
(39) Locke, K.D. & Horowitz, L. M. (1990). Satisfaction in Interpersonal Interactions as a Function of Similarity in Level of Dysphoria. *Journal of Personality and Social Psychology*, 58, 823-831
(40) Mehrabian, A. (1971). *Silent Messages*. Belmont, CA : Wadsworth.
(41) Schmidt, R. (1990). The Role of Consciousness in Second Language Learning. *Applied Linguistics*, 11(2), 129-158.
(42) Sharwood Smith, M. (1993). Input Enhancement in Instructed SLA : Theoretical Bases. *Studies in Second Language Acquisition*, 15(2), 165-179.
(43) Sherif, M., Harvey, O. J., White, B. J., Hood, W. R., & Sherif, C. W. (1961). *Intergroup Conflict and Cooperation: The Robbers Cave Experiment*. Norman, OK : University of Oklahoma Institute of Intergroup Relations.
(44) Stasser, G. & Titus, W. (1985). Pooling of Unshared Information in Group Decision Making : Biased Information Sampling during Discussion. *Journal of Personality and Social Psychology*, 48(6), 1467-1478.

## 【参考資料】

（ⅰ）庵功雄（監修）、志村ゆかり（編著）、志賀玲子・武一美・永田晶子・樋口万喜子・宮部真由美・頼田敦子（著）（2019）『中学生のにほんご学校生活編：外国につながりのある生徒のための日本語』スリーエーネットワーク
（ⅱ）大蔵守久（1999）「日本語学級1：初級必修の語彙と文字」凡人社
（ⅲ）大蔵守久（1999）「日本語学級2：基本文型の徹底整理」凡人社
（ⅳ）西原鈴子（監修）、ひょうご日本語教師連絡会議子どもの日本語研究会（著）（2002）『こどものにほんご1：外国人の子どものための日本語』スリーエーネットワーク
（ⅴ）西原鈴子（監修）、ひょうご日本語教師連絡会議子どもの日本語研究会（著）（2002）『こどものにほんご2：外国人の子どものための日本語』スリーエーネットワーク
（ⅵ）根本牧・屋代瑛子（2001）『ひろこさんのたのしいにほんご1 第2版』凡人社
（ⅶ）根本牧・屋代瑛子・永田行子（2011）『ひろこさんのたのしいにほんご2 増補第2版』凡人社
（ⅷ）文部省（1992）『にほんごをまなぼう』ぎょうせい
（ⅸ）文部省（1993）『日本語を学ぼう2』ぎょうせい
（ⅹ）山本絵美・上野淳子・米良好恵（著）（2018）『おひさま［はじめのいっぽ］：子どものための日本語』くろしお出版

# あとがき

　本書では、外国人児童生徒等と接する場面を設定し、それぞれのシーンにおける日本語コミュニケーションのしかたを、会話例に基づき考えました。本文で述べたように、シンプルでわかりやすい表現を意識することで、相手に情報が伝わりやすくなります。また、日本語以外でのコミュニケーションも忘れてはなりません。というのは、指さしや身振り手振り、実物の提示、子どもの母語を使ったコミュニケーションなどは、日本語が母語ではない子どもにとって理解の助けとなるからです。もちろん、100人いれば100通りのコミュニケーションがあるわけですから、絶対的な正解は存在しないのですが、それぞれの想定場面を通してわかりやすく伝える意識が大切だということはおわかりいただけたと思います。

　前述のとおり、本書では、主に外国人児童生徒等との日本語コミュニケーションについて解説しましたが、本文で述べた内容は日本語を母語としない子どもに限定されるものではありません。日本語を母語とする子どもに対しても十分有効だと言えます。というのは、シンプルでわかりやすい表現というのは、子どもの母語が日本語であろうとほかの言語であろうと、誰に対しても言いたいことを明快に伝えることができるからです。そのため、本書で紹介した伝え方は、子どもとコミュニケーションをする場面全般に適用することができるのです。

　また、教師が言いたいことを一方的に述べるのではなく、子どもとの双方向的なやりとりを通じて信頼関係を構築していくことも非

常に重要です。そのための心構えや接し方も本文で紹介しました。

＊　＊　＊

　自分と価値観や考え方が異なる人と出会うのは、きわめて貴重な経験だと言えます。とりわけ幼少期にそのような経験を重ねると、他者への理解を深め、受容力を育むことができるため、その後の人生においても柔軟性や想像力を持って他者と関わっていくことができると考えられます。また、他者との交流はとりもなおさず、自己理解や自己受容にもつながっていきます。なぜなら、他者と触れ合うことで、「自分とは何か」「自らの個性や特性は何か」などを知り、ありのままの自分を受け入れていくことができるからです。

　本書では、個々への尊重を念頭に置いたコミュニケーションについて解説しました。教師自らが率先して、このような接し方を実践することで、子どもたちにもその姿勢が伝わっていけばと思います。

　最後になりましたが、本書が教師・子ども間、そして子ども同士の良好な人間関係を築くためのお役に立てることを願いつつ、筆を擱くことにいたします。

高嶋　幸太

《著者紹介》

高嶋 幸太(たかしま・こうた)

　日本語教師。立教大学日本語教育センター兼任講師。専門は教師教育、第二言語習得、海外日本語教育。東京学芸大学教育学部日本語教育専攻卒業、英国グリニッジ大学大学院人文社会科学研究科 MA Management of Language Learning 修了。中学校・高等学校教諭一種免許状(国語)取得。

　海外では JICA 青年海外協力隊の派遣国モンゴル、および留学先のイギリスで日本語を教える。日本国内では大手企業の外国人社員に対する日本語教育にも携わり、大学でも日本語教育に従事する。また、日本語教育の知見を伝えるため、全国各地の商工会議所や地方自治体などで講演・セミナー活動も行う。

　主著に『〈初級者の間違いから学ぶ〉日本語文法を教えるためのポイント30』(大修館書店)、『日本語で外国人と話す技術』(くろしお出版)、『英語教師が知っておきたい日本語のしくみ:英文法・英作文指導に活かす』(大修館書店)などがある。

▶ホームページ『世界の日本語図書室』にて、ことばや教育、コミュニケーションなどに関する情報がご覧になれます。
　URL:https://nihongo-toshoshitsu.jimdo.com/

---

## 日本語でできる外国人児童生徒とのコミュニケーション
### 場面別学校生活支援ガイド

2019年8月15日　初版第1刷発行

著　者━━高嶋幸太

発行者━━安部英行

発行所━━学事出版株式会社
　　　　　〒101-0021　東京都千代田区外神田2-2-3
　　　　　電話 03-3255-5471
　　　　　http://www.gakuji.co.jp

---

編集担当　　丸山久夫
本文イラスト　海瀬祥子
装　　丁　　精文堂印刷デザイン室　内炭篤詞
印刷製本　　精文堂印刷株式会社

---

Ⓒ Kota Takashima 2019 Printed in Japan　　　落丁・乱丁本はお取替えします。

ISBN978-4-7619-2573-4　C3037